태권도 CEO와 인격교육

- 전통교육과 태권도, 그리고 인격 함양의 원리에 관한 성찰-

이재수 · 신창호 공저

서현사

추천사

태권도는 자랑스러운 대한민국의 국기國技입니다. 단순한 국기의 차원을 넘어, 전 세계 곳곳에 전파되어 있는 우리 문화의 상징이기도 합니다. 이른바 한류韓流의 정통입니다. 그렇기 때문에 한국의 체육인이자 태권도인의 한 사람으로서 늘 뿌듯한 자부심을 지니고 있었습니다.

그럼에도 불구하고 태권도를 하는 사람이나 태권도 관련 단체에서 체육이나 스포츠 경기의 한 종목 정도로 인식하는 경우가 많았습니다. 이는 대한민국의 국기인 태권도의 위상을 스스로 무너뜨리는 일이라고 생각합니다. 그런 생각을 하게 만드는 근본적인 이유는 태권도계 내부에도 존재합니다.

가장 간절하고도 시급한 작업이 태권도의 학문적 체계 정립입니다. 태권도의 역사적 고찰과 원리의 탐구, 실천적 측면의 다양화, 생활 속의 태권도 확립 등 태권도 전반에 대한 자기 성찰이 무엇보다도 심도 있게 요구됩니다. 물론 기존에도 몇몇 태권도 연구자들이 고민을 하고 있습니다만, 대부분의 연구가 태권도의 기술적 측면, 또는 스포츠로서의 가치, 운동으로서 일반 이론 연구에 치우치고 있습니다.

이런 와중에 태권도를 '교육' 이나 '공부' 의 차원에서 이해하려는 새로운 관점이 제기되어 반갑습니다. 특히 태권도지도자가 지녀야 할 품성과 인격을 자세하게 설명해 주고, 태권도를 스포츠나 운동에만 머무르지 않고 교육으로 보는 시각을 제시하였으며, 전통 교육철학적 관점에서 태권도의 장점을 응용하려는 태도는 태권도 발전에 중요한 시사점을 줄 것으로 판단합니다.

이제는 태권도를 교육으로 봅시다. 고도의 수련이 요구되는 공부로 봅시다. 우리나라 교육계를 이끌어가는 사람으로서, 체육계와 태권도인의 한 사람으로서, 태권도지도자들이 갖춰야할 인격, 그리고 태권도를 통해 길러야 할 인간상을 고민하는 태권도인들에게 본서를 적극 추천하는 바입니다.

2006. 11.

한국체육대학교 총장 이승국

태권도인과 태권도를 사랑하는 분들

그리고

인격교육을 고민하는 여러 선생님들에게

일생지계 재어유
一生之計, 在於幼,
평생의 계획은 어릴 때에 있고,

일년지계 재어춘
一年之計, 在於春,
한 해의 계획은 봄철에 있으며,

일일지계 재어인
一日之計, 在於寅
하루의 계획은 새벽에 있다.

유이불학 노무소지
幼而不學, 老無所知
어릴 때 배우지 않으면 늙어서 아는 것이 없고,

춘약불경 추무소망
春若不耕, 秋無所望,
봄철에 밭 갈지 않으면 가을철에 수확할 것이 없으며,

인약불기 일무소변
寅若不起, 日無所辨.
새벽에 일어나지 않으면 그날에 힘써 할 일이 없다.

사수소
事雖小,
조그마한 일일지라도

부작불성
不作不成,
행하지 않으면 이루어지지 않고,

자수현
子雖賢,
총명한 자식일지라도

불교불명
不教不明.
가르치지 않으면 현명해지지 않는다.

– 『명심보감明心寶鑑』에서

머리말

21세기는 다양한 시대로 그려지고 있습니다. 정보화 · 국제화가 성숙하고, 지식기반사회, 혹은 포스트모더니즘, 멀티미디어, 글로벌 시대라고도 합니다. 교육적으로는 학습사회이자 평생교육의 시대입니다. 폭증하는 지식정보와 첨단 우주과학문명은 인간의 삶을 통째로 변화시키고 있습니다. 이런 시대에는 그때그때 요구되는 삶의 기술을 터득하는 일은 물론, 다가오는 사회 변화를 선도적으로 예측하고 대비해야만 합니다. 적어도 적절한 삶의 질을 유지하기 위해서는 현재보다 훨씬 적극적인 자세와 노력이 요구됩니다. 지금까지 인간은 이 세계 속에서 살아지기도 했지만, 살아왔다고 자신을 위로합니다. 그러나 이제는 이 정도로는 생존하기조차 어려운 시대입니다. 정말 처절하게 살아야 하고, 생존을 위한 각종 전략을 고민해야 하며, 생각의 전환을 꾀해야 합니다.

태권도는 대한민국의 국기國技로서, 올림픽 종목이기도 합니다. 우리나라는 태권도 종주국으로서 나름대로의 자부심을 지니고 있습니다. 그러나 현재 태권도는 상당한 위기에 처해 있습니다. 태권도 도장은 진정한 수련장이기보다는 다른 형태로 변질되기도 했고, 태권도의 존립을 위협하는 다양한 형태의 무술이 난립하고 있습니다. 게다가 지금까지 태권도인들은 열심히 운동하여 몸을 건강하게 하고, 아이들을 튼튼하게 자라도록 유도하면 임무가 끝나는 것으로 생각하기도 하였습니다. 그러나 이제는 태권도를 새롭게 보아야 할 시점에 이르렀습니다. 특히 태권도지도자들은 그러합니다.

태권도는 단순히 체육활동이나 체력 단련에 머무는 스포츠가 아닙니다. 체육이나 운동인 것은 분명합니다. 그러나 21세기 시대정신을 고려한다면, 단순히 그런 차원에 그쳐서는 안 됩니다. 이러한 문제 인식에서 필자들은 태권도를 '교육'으로 보려고 합니다. 왜냐하면 태권도의 정신과 기술은 풍부한 교육적 요소를 지니고 있고, 실제로도 교육적 특성을 담보로 실천되기 때문입니다.

필자들은 고려대학교 태권도 지도 · 경영최고위 과정을 운영하고 지도하면서 그러한 점을 뼈저리게 느꼈습니다. 이제 태권도는 육체를 단련하거나 운동선수를 만드는 차원을 넘어서서 교육의 중요한 원리이자 방법으로 거듭나야 합니다. 자신을 이해하고 배려하며, 타인과의 관계를 원활하게 맺어나가도록 하는 인생철학으로 거듭나야 합니다. 풍부한 내적 토양을 가진 대한민국의 국기 태권도는 충분히 그럴 자격이 있습니다.

태권도인 여러분! 태권도는 교육입니다. 더 이상 스포츠의 차원에서 머무르지 맙시다. 태권도 사범師範은 누구보다도 존엄하고 모범이 되는 교육지도자입니다. 절대 몸을 단련시키기만하는 트레이너가 아닙니다. 이제 '태권도는 교육이다'라는 인식을 통해, 너와 나의 인격과 품위를 좀더 업그레이드할 수 있는 계기가 되기를 소망합니다.

본서는 두 권으로 기획되어 있습니다. 그중 첫 번째에 해당하는 이 책은 태권도 자체를 많이 다루지 않습니다. 다만 태권도인은 어떤 자세를 지녀야 하는지, 특히 태권도 교육지도자는 어떤 인격을 갖추어야 하는지, 인격교육의 차원에서 태권도를 고민해 보았습니다. 그래서 책 제목도 『태권도 CEO와 인격교육』으로 붙였습니다. 잘 아다시피 CEO는 Chief Executive Officer의 준말이며, '최고경영자' 혹은 '대표이사' 정도로 번역할 수 있습니다. 최고경영자는 분명히 일반 사원이나 보통 사람과는 다른 차원의 지도력leadership과 인격을 지녀야 합니다. 태권도 최고경영자도 마찬가지입니다. 이 책은 간략히 말하면 태권도 교육지도자의 모습과 자세, 태도와 역할 등을 우리 전통교육과 인격교육의 차원에서 성찰한 것입니다. 따라서 태권도인이 아니더라도 교육에 관심 있는 분 누구에게나 도움이 될 것으로 생각합니다.

이후에 출간될 2권에서는 본격적으로 태권도를 다룰 예정입니다. '태권도의 원리와 실현방안'(가제)을 자세하게 논의할 것입니다. 태권도의 품새와 자세, 겨루기, 격파 등 그 모든 것을 기술 · 응용차원은 물론 사회적용의 측면에서 심도 있게 분석하고 검토하여 대안과 비전을 제시할 것입니다.

본문 가운데 앞서 연구한 학자들의 다양한 의견을 반영한 곳이 많은데, 가능한 한 평이하게 해설하다보니 뜻을 잘못 전달한 부분이 있을까 걱정입니다. 또한 일일이 각주나 주석으로 명기해야 하지만, 참고문헌에 제시하는 것으로 대신하였습니다. 여러 선행 연구자들의 가르침에 깊이 감사드립니다.

필자들은 고려대학교 태권도 지도 · 경영최고위 과정을 개설한 후 5～6년 동안 수시로 태권도 교육지도자의 자세와 태권도 교육의 방향에 대해 의견을 주고받으며 진지하게 토론하였습니다. 본서의 내용은 그 결과물이라고 해도 좋습니다. 앞으로도 지속적으로 태권도 교육의 방향과 미래에 대한 토의를 해 나갈 것입니다. 인간의 삶 자체가 그렇듯이, 본서에도 여러 가지 부족한 부분이 많을 것입니다. 언제든지 질책해 주십시오. 잘못된 부분은 수정하고 보완하겠습니다.

감사해야 할 분들이 있습니다. 필자들의 존재를 늘 일깨워 주시는 전국의 태권도인 여러분, 고려대학교 태권도 지도 · 경영최고위 과정 동문 여러분, 고려대학교 체육위원회 위원장이신 김기형 교수님, 고려대학교 대학원 부원장이신 강선보 교수님, 태권도 지도 · 경영최고위 과정의 이명호 실장, 김지은 연구원, 이 밖에도 헤아리기 어려울만큼 많은 분들의 도움에 고마움을 표합니다. 또한 어려운 출판상황에서 상업성이 적음에도 선뜻 출판을 맡아주신 서현사 조재성 사장님께 감사드립니다.

부끄럽지만 본서는 태권도 교육지도자 과정을 이끌면서 느낀 나름대로의 교육적 소신, 미래 전망 등에 대한 성찰이자 기록입니다. 모쪼록 태권도와 인격교육을 담당하고 계신 다양한 분야의 선생님들에게 조금이나마 보탬이 되기를 희망합니다.

2006. 10

고려대학교 태권도 최고위 과정 연구실에서

이재수 · 신창호 배상

목차

제1장 우리에게 태권도는 무엇입니까

定心應物 雖不讀書 可以爲有德君子
정심응물 수부독서 가이위유덕군자

마음을 정하여 모든 일에 응한다면
비록 글을 읽지 않았더라도
덕이 있는 지도자가 될 수 있다 『명심보감明心寶鑑』

1. 태권도는 '국기' 입니다

삶의 예술이 되는 바탕

아주 유치한 물음을 던지면서 성찰을 시작합니다. 태권도跆拳道는 무엇일까요?

문자 그대로 이해한다면, 인간의 신체 가운데 발足과 손手을 쓰는 일과 직접적으로 연관됩니다. 태跆는 발과 관련되어 차거나 뛰거나 밟는 행위로 표출됩니다. 권拳은 손을 말아 감아 쥔 모습을 나타내므로, 바로 주먹을 의미합니다. 그러기에 태권도는 주먹이나 손날로 상대를 가격하는 작업으로 드러납니다. 도道는 말 그대로 길, 원리나 방법을 말하지요. 따라서 태

태권도 시범 장면

권도는 형식적으로 볼 때, 손과 발의 전반적인 기술을 동원하여 인간의 길을 가는 것입니다. 그렇다고 단순하게 손을 쓰는 모든 동작이나 작업, 발을 써서 길을 걸어가는 것까지 태권도라고는 하지 않습니다. '도' 라는 말이 붙어 있기에, 태권도는 반드시 손과 발이라는 신체적 원리를 포함하여 그것을 담보해 주는 정신 수양의 가치가 담겨 있습니다. 태권도의 핵심인 품새*나 겨루기, 각종 시범에서 보이는 미적 요소, 그 예술성은 인간의 희노애락喜怒哀樂을 형상화한 것이나 마찬가지입니다. 그러기에 태권도인은 태권도를 통하여 삶의 예술을 구가할 수 있는 것입니다.

* 품새: 태권도 품새는 태권도 자세, 형을 말합니다. 국어사전에는 '품새' 가 아니라 '품세' 가 표준어로 등록되어 있습니다. 그러나 태권도협회나 태권도인들은 '품새' 를 일반적인 용어로 사용합니다. 본서에서는 '품새' 로 통일합니다

국기 태권도

태권도가 언제부터 시작되어 어떤 형식과 내용을 가지고 전수되었는지는 명확하지 않습니다. 분명한 것은 현재 우리나라 대한민국의 국기라는 점입니다. 1959년 대한태권도협회가 창설되고, 1971년 박정희 대통령으로부터 '국기태권도' 휘호를 하사받은 후, 태권도는 발전을 거듭하여 현재 올림픽 정식 종목이 된 우리나라 대한민국의 국기입니다.

국기는 대한민국의 전통을 간직한 대표적인 기예技藝라는 의미입니다. 우리나라에는 검도, 유도, 합기도, 쿵푸 등 중국과 일본의 다양한 무술이 있습니다. 또한 축구, 야구, 농구, 배구 등 다양한 구기球技 종목도 있습니다. 그러나 이러한 무술이나 구기는 경기가 벌어지는 상황에 따라 인기 종목이 될 수는 있을지언정, 국기는 아닙니다. 뿐만 아니라 저마다 전통의 계보를 잇고 있다고 주장하는 무예도 많습니다. 수벽치기, 택견, 권법 등 이름도 제각각입니다. 그러나 어느 것도 국기는 아니지요.

국기는 하나입니다. 하나밖에 없는 자랑스러운 '나라의 대표 기예' 입니다. 요즘 '국민 가수' 니 '국민 배우' 니 하면서 '대표성' 을 강조하듯이, 태권도는 대한민국을 대표하는 기예입니다. 기예는 재주를 겸비하고 장인정신을 지니고 있으며 그것을 몸으로 체득해야 하는 삶의 예술입니다. 그러므로 우리나라의 국기인 태권도는 대한민국 사람들의 보편적인 삶에 녹아 들어 있어야 합니다. 외국인이 볼 때 대한민국 사람은 마땅히 태권도의 정신을 지니고 있어야 합니다. 나아가 태권도는 우리의 전통으로 이어져야 하고, 한국적 정신과 얼을 간직해야 하며, 혼과 철학을 고스란히 담아야 합니다.

태권도지도자들의 시범 전 인사

무(武)와 교육철학

이러한 태권도가 우리에게는 어떠한 존재일까요? 우리는 태권도를 어떻게 이해해야 할까요?

대부분의 경우는 태권도를 스포츠나 체육의 한 종목으로 이해합니다. 1973년 국제태권도연맹ITF과 세계태권도연맹WTF이 창립되고, 세계태권도연맹이 1975년 미국체육회의 정식 종목으로 채택되면서 스포츠의 길로 나아가게 됩니다. 특히 1975년 세계경기연맹GAISP에 가입하고 1983년 국제 올림픽위원회IOC의 승인 종목으로 채택된 후 태권도는 그 가치와 우수성을 인정받게 되었습니다. 이후 1988년 서울 올림픽과 1992년 스페인 바르셀로나 올림픽을 통해 국제적 스포츠로서의 가능성과 기반을 확고하게 다지면서, 2000년 호주 시드니 올림픽에서 정식 종목으로 채택되었습니다. 이렇듯, 태권도는 스포츠로서 국내는 물론 세계적으로 그 위상을 다졌습니다. 때문에 많은 사람들은 태권도를 단지 스포츠 종목이나 운동의 하나로 생각하고 맙니다.

그러나 태권도는 단순한 스포츠 종목이나 운동이 아닙니다. 육체 단련이나 몸의 건강만을 생각하는 단순한 체육이 아니라는 말입니다. 왜냐하면 태권도는 무武인 동시에, 그것을 통한 교육철학이 녹아 있기 때문입니다.

태권도 수련은 심신心身의 합일合一을 지향합니다. 기본적으로는 신체의 반복적인 활동을 통한 기술의 육체화, 즉 기술 동작의 자동화에 목적을 두고 있습니다. 이것을 우리는 기술을 몸에 익힌다고 합니다. 이 과정에서 정신 혹은 마음은 신체를 움직이게 하는 요인으로서 상위 개념에 해당합니다. 이렇게 볼 때 태권도는 단지 신체활동에서 기술 동작만을 연마하는 것이 아닙니다. 손짓 발짓 하나하나의 신체 활동이 정신 운동의 상대적인 상보성相補性에 있음을 깨달아야 합니다.

태권도는 정신과 육체, 즉 정신과 상응하기 위하여 신체적 조건과 역량을 부여하는 인간의 길입니다. 이는 신체적 동작을 바탕으로 이루어지는 인간의 자기실현이며 스스로 수련하는 자기 교육입니다.

지금까지 태권도 교육은 신체적 기술을 단련하는 데 보다 많은 관심을 보여 왔습니다. 상대적으로 정신적 가치를 증대시키는 구체적 실현 방법을 개발하는 데는 큰 비중을 두지 않았다고 판단됩니다. 그러나 그것은 태권도의 본령을 거스르는 행위일 수 있습니다. 중요한 것은 태권도에 담긴 정신입니다. 특히 태권도를 전문으로 담당하는 최고위 지도자들, 태권도 교육지도자들은 이런 정신을 깊이 성찰해야 합니다.

2. 태권도는 '무예' 입니다

무의 예술

태권도는 무술武術입니다!
태권도는 무도武道입니다!
태권도는 무예武藝입니다!

태권도가 무武라는 점은 누구나 인식합니다. 그런데 때로는 예藝로, 때로는 도道로, 때로는 술術로 우리 앞에 다가옵니다. 무는 문자 그대로 창戈을 그치는 행위止입니다. 다르게 표현한다면, 전쟁을 멈추거나 싸움을 하지 않는다는 의미로 이해할 수도 있습니다. 또한 창을 지니고 있기에 위엄이 있어 보이고, 그로 인해 상대가 덤벼들지 못하게 한다는 의미로 확대 해석할 수도 있습니다. 그것은 바로 '지키는 일' 과 통합니다. 무사武士의 순 우리말이 '지킴이' 라는 것을 보아도 그런 뜻을 확인할 수 있지요. 지킴이는 모든 살아 있는 것들이 잘 살아갈 수 있도록 보호해 준다는 의미입니다. 따라서 무武의 핵심은 살아 있는 것들을 보호하는 데 있습니다. 달리 말하면, 사람 살리는 일, 사랑의 정신이 담겨 있는 것입니다. 살아 있는 것을 사랑하고 보호하는 애호愛護정신 말입니다.

이러한 무의 성격을 구체적이고 상세하게 규정해주는 것이 그 다음에 붙는 말들입니다. 요즘 같은 국제화 시대에 영어를 빌어 써보지요. 예藝는 아트arts, 도道는 웨이way, 술術은 테크

놀로지technology입니다. 아트는 포괄적이고 종합적이며 유기체적인 예술의 경지를 말합니다. 웨이는 길이나 원리, 방법적 성격이 강하지요. 마지막으로 테크놀로지는 세부적인 기술, 테크닉을 강조하는 말입니다. 그 관계를 어떻게 규정하건, 무에 대한 다양한 관점이 있다는 것은 참으로 즐거운 일입니다. 이것은 다른 영역에서는 찾을 수 없는 태권도만의 독특한 맛입니다.

태권도를 연구하는 사람들은 술과 예와 도를 글자의 뜻에 의거하여 다음과 같이 설명합니다. 술은 기술을 중시하고 기술의 실천적 측면을 강조하여 생사를 건 '대인격투술對人激鬪術'이라는 본질적 가치를 강조합니다. 예는 예술 · 표현 · 미 등과 연관시켜서 기술이라는 실천적 가치를 넘어 미적 · 예술적 경지를 지향하는 관점입니다. 도는 기술성을 초월하는 정신성 · 철학성에 강조를 두는 수련관으로 이해하는 경우가 많습니다. 상당수의 무예이론가들은 무술에서 무예, 무도로 발전해 왔다고 인식하고 있습니다.

태권도는 분명히 도입니다. 그러나 필자는 좀 다른 시각으로 접근해 보려고 합니다. 이는 태권도를 이해하는 방식과 직결됩니다. 태권도가 우리의 전통과 맞닿으려면, 우리 전통의 핵심을 차지하고 있는 유학의 교육사상과 어떻게 만나는지를 고민해야 합니다. 예와 도와 술이 지니고 있는 글자의 의미를 분석하는 것도 중요한 작업입니다. 그러나 그것이 무와 결부되고, 유학의 삶과 공부의 전통에서 어떤 맥락을 지니고 있는지 살펴본다면, 좀더 핵심적인 문제를 발견할 수 있을 것입니다. 여기서는 유학의 핵심적 교육내용인 예藝에 관한 기록을 고찰하면서 고민해 보겠습니다.

유학에서 예는 여섯 가지로 대표되는데, 그것을 육예六藝라고 합니다. 육예는 예禮 · 악樂 · 사射 · 어御 · 서書 · 수數를 말합니다. 우리 조상들은 이 여섯 가지를 '인간이 살아가는 데 삶의 기준이 되고 방법이 되는 덕목' 으로 여겼습니다.

예의와 음악

육예의 첫 번째는 예禮로 이를 현대적 의미로 쉽게 표현한다면, 예의禮義로 이해할 수 있습니다. 성악설性惡說로 유명한 순자荀子는 예를 다음과 같이 설명합니다.

예는 어디에서 생겨났을까? 사람은 태어나면서부터 욕망이 있다. 무언가를 바라는데 그것을 얻지 못하면 추구하게 되고, 어떤 것을 추구하는데 추구하는 방법과 절차상 일정한 기준과 한계가 없다면 다투게 된다. 다투게 되면 어지러워지고, 어지러워지면 궁색해진다. 옛날 훌륭한 임금은 어지러워지는 것을 싫어하였기 때문에, 예의를 제정하여 적절한 기준에 따라 한계를 정하였다. ……이렇게 볼 때, 예는 욕망을 충족시켜 주는 것이다. 군자가 욕망을 충족시켰다면, 사람에 따라 적절한 기준을 정하여 분별하는 작업을 존중할 것이다. 분별이란 귀천의 등급, 어른과 아이의 차이, 빈부의 경중에 따라 모두 알맞게 어울리고 있는 것을 의미한다.

이처럼 예는 인간들의 욕구를 충족시키기 위해 생겨난 법도입니다. 법도에 따라 다양한 사람들의 신분과 욕망을 적절히 조절하여, 사회 구성원 모두가 만족스러운 생활을 할 수 있도록 분별하는 제도적 장치입니다. 다시 말하면 예는 인간 사회에서 올바른 도리의 기준이요 표준입니다. 사람들은 예의가 없을 때, 버릇없는 놈, 싸가지 없는 녀석, 못된 놈 등 다양한 표현으로 사람의 가치를 평가합니다.

예는 크게 다섯 가지로 나누어 볼 수 있습니다. 첫째, 나라에서 지내는 여러 가지 제사와 관련된 예로, 이를 길례吉禮라고 합니다. 둘째, 나라의 우환을 걱정하는 일과 관련된 예로, 이는 흉례凶禮라고 합니다. 셋째, 다른 나라와 외교 친선 관계를 잘하는 예로, 이는 빈례殯禮입니다. 넷째, 나라를 지키고 유지하는 일과 관련된 예로, 이는 군례軍禮입니다. 다섯째, 사회 구성원 사이의 화목을 도모하는 예입니다. 이를 가례嘉禮라고 합니다. 다섯 가지 범주로 설정한 예는 결국 우주 자연과 인간, 국가와 국가, 사회 구성원 사이에 서로 지켜야 하는 규범과도 같습니다. 모두가 함께 어울려서 잘살 수 있는 인간 삶의 기본 방식입니다.

육예의 두 번째인 악樂은 음악音樂으로 볼 수 있습니다. 이번에도 순자의 표현을 빌려 봅시다.

> 음악은 즐기는 것으로 사람의 감정과 함께하기 마련이다. 즐거우면 그것이 목소리와 행동으로 표현된다. …… 사람에게는 즐기는 감정이 있게 마련이고, 즐기면 겉으로 표현되기 마련이다. 겉으로 표현되어 올바른 도리에 맞지 않으면 혼란이 생기게 된다. 옛날 훌륭한 임금들은 그

> 러한 혼란을 싫어하였기 때문에, 훌륭한 음악을 만들어 백성들을 이끌어 주고, 그 음악을 충분히 즐기면서도 어지러운 곳으로 흐르지 않았다. 그 소리의 복잡하고 단순한 가락과 뾰족하고 둥그스름한 장단은 충분히 사람의 착한 마음을 감동시켜 저 사악하고 더러운 기운이 가까이 할 수 없도록 하였다. …… 그러므로 음악은 세상을 크게 바로잡는 것이고, 알맞게 조화시키는 규범이다.

음악은 심금을 울리고 감동을 주어, 사람들의 마음과 행동을 바르게 해줍니다. 우리 현대인들도 신이 나거나 즐거우면 노래방을 찾아 노래를 합니다. 슬프거나 우울하면 조용한 카페에서 음악을 들으며 마음을 달래기도 합니다. 붉은 악마가 함께 모여 함성을 지르면서 하나가 되기도 하고 경기에서 패했을 때는 울부짖으며 감정을 폭발하기도 합니다. 이 모든 것을 조절해 주는 장치가 바로 음악입니다.

고대 중국에는 여러 가지 음악이 있었습니다. 크게 나누어 보면, 황제의 음악인 운문雲門, 요임금의 음악인 함지咸池, 순임금의 음악인 대소大韶, 우임금의 음악인 대하大夏, 탕임금의 음악인 대호大濩, 무왕의 음악인 대무大武 등 여섯 가지가 있습니다. 그 소리나 악보가 비디오나 사진, 녹음된 형태의 기록으로 분명하게 남아 있지 않으므로, 현재는 황제나 왕들의 음악이 어떠했는지 구체적으로 파악할 수는 없습니다. 분명한 것은 그 지도자들이 음악을 통해 백성들의 심금을 울리며 나라를 평화롭게 이끌었다는 점입니다. 늘 그렇지만 음악은 우리의 정서를 순화시켜 줍니다. 슬플 때나 기쁠 때, 조용히 있고 싶을 때, 혹은 함께 어울리고 싶을 때, 우리는 심리 상태에 따라 음악을 즐깁니다. 음악을 즐기고 나면 나도 모르게 편안해진 마음을 발견하기도 합니다. 그 힘은 화합和合을 핵심으로 하는 음악에 있습니다.

육예에서 예와 악은 분리하여 논의하기 어렵습니다. 예는 사람의 행동과 겉모양을 규제하고, 악으로는 사람의 성품과 정서를 다스립니다. 예는 동일하게 존재하는 것을 상황과 분수에 맞게 차이 나게 하는 기능을 합니다. 반면 악은 차이 나게 존재하는 것을 동일하게 하는 역할을 합니다. 인간은 같게 하면 서로 친하게 되고, 다르게 하면 서로 공경합니다. 그런데 같게 하여 친하게 하는 악이 지나치면 음탕한 곳으로 흐르기 쉽고, 다르게 하여 공경하는 예가 도에 지나치면 서로 멀리 하게 됩니다. 이처럼 인간 사이에 서로 뜻을 합하고 외모를 장식하는 것이 예와 악의 기능입니다. 마치 동전의 양면처럼, 태권

태권도 경기에 임하기 전의 선서

도 자세에서 지르고 빼는 것의 동시성처럼 분별하기 힘든 작업입니다.

활쏘기와 말부리기

육예의 세 번째와 네 번째인 사射와 어御는 활쏘기와 말부리기(말 몰기)입니다. 활쏘기와 말부리기는 오늘날 일상에서 흔히 행해지는 일은 아닙니다. 취미로 국궁 혹은 양궁과 같은 활쏘기를 즐기거나, 승마를 하는 사람들이 있기는 하지만, 이는 옛날의 활쏘기, 말 몰기와는 상당한 거리가 있습니다. 특히 중국 고대사회에서 사어는 군사훈련이나 사냥, 특별한 의식 등 다양한 행사와 관계가 있었기 때문에, 오늘날 입장에서 설명하기가 매우 어렵습니다.

활쏘기의 경우, 단순히 힘이 장사처럼 세다고 잘하는 것이 아닙니다. 화살을 끼우고 활시위를 당겨 과녁의 가운데를 맞히는 것이 활쏘기의 주목적입니다. 이른바 '적중的中' 시키는 것이 목표입니다. 적중을 위해서는 기본 체력도 필요하지만, 대단한 집중력이 요구됩니다. 그것은 정신적 능력에 속하는 문제입니다. 말부리는 기술도 마찬가지입니다. 개인이 한 마리 말을 타고 갈 때에도 상당한 기술이 요구되는데, 네 마리, 혹은 여섯 마리의 말이 수레를 몰고 있다고 생각해 보십시오. 어떤 기술이 요구되겠습니까? 정신일도하사불성精神一到何事不成! 이런 표현이 제격일 것입니다.

옛날 활쏘기 방법에는 다섯 가지가 있었습니다. 첫째, 화살이 과녁을 뚫어 살촉의 흰 것을 보는 백시白矢, 둘째, 먼저 화살 한 개를 쏘고 뒤에 세 개를 연속해서 쏘는 삼연參然, 셋째, 깃머리는 높고 살촉은 낮게 나가 번쩍번쩍하는 염주炎注, 신하가 임금과 활을 쏠 적에 감히 나란히 서지 못하고 임금에게 한 자쯤 양보하여 물러나는 양척讓尺, 다섯째, 네 개의 화살이 과녁을 뚫어 마치 우물 모양[井]과 같다는 의미의 정의井儀가 있습니다. 현 시점에서는 어떤 활쏘기 양식인지 분명하게 파악하기 어렵습니다.

말을 부리며 모는 방법에도 다섯 가지가 있습니다. 첫째, 말이 움직이면서 멍에에 달려 있는 방울이 울리고 수레 앞 가로대는 나무에 달려 있는 방울이 서로 응하는 화란和鸞의 어울림, 둘째, 물이 흐르는 형세의 굴곡을 따라 떨어지지 않도록 수레를 잘 모는 축수곡逐水曲, 셋째, 수레가 조금만 기울어도 수레의 축이 문의 말뚝에 부딪치므로 이를 잘 제어하는 과군표過君表, 넷째, 교차로에서 수레를 몰 때에 회전하는 모습이 춤추는 가락에 응하는 것과 같은 무교구舞交衢, 다섯째, 짐승을 거슬러 몰아 왼쪽으로 가게 하여 임금이 잡을 수 있도록 하는 축금좌逐禽左입니다. 지금은 유원지나 놀이동산 같은 곳에서 놀이 삼아 말이 모는 수레를 탈 수 있습니다. 자동차가 운송 수단을 대신하고 탱크나 장갑차가 수레 전차를 대신하므로, 말부리기는 운전에 비유할 수도 있을 것입니다.

이와 같이, 활 쏘는 방법이나 말부리는 기술이 다양한 점으로 미루어 볼 때, 동양의 고대 사회에서는 의식이나 행사에 따라 여러 측면의 기술을 요구한 것 같습니다.

글공부와 셈하기

육예의 다섯 번째와 여섯 번째는 서書와 수數입니다. 서수는 오늘날로 보면 글자 익히기와 셈하기입니다.

서는 문자를 다루는 것으로 글씨를 쓰거나 익히는 글공부에 해당합니다. 서예는 이른바 '육서六書' 라고 하는 여섯 가지가 있습니다. 육서는 우리가 중학교 한문 시간에 배웠던 문자의 여섯 가지 분류에 해당합니다. 첫째, 해日나 달月과 같이 형체를 모방하는 상형象形, 둘째, 사람 인人과 말씀 언言이 합쳐져서 믿을 신信이 되고, 그칠 지止와 창 과戈가 합쳐져서 굳셀 무武가 되는 것과 같은 회의會意, 셋째, 고考나 노老와 같이 글자의 뜻을 서로 받아 좌우로 전환하여 붙이는 전주轉注, 넷째, 인人이 일一 위에 있으면 상上이 되고, 인人이 일一 아래에 있으면 하下가 되어 처함이 그 마땅함을 얻는 처사處事 혹은 지사指事, 다섯째, '명령' 이나 '우두머리' 의 뜻이 있는 령令이나 '길다', '자라나다', '늘이다' 등의 뜻이 있는 장長처럼 한 글자를 두 가지 의미로 쓰는 가차假借, 여섯째, 강江이나 하河와 같이 물氵을 형체로 삼고 공工이나 가可를 소리로 하는 해성諧聲 혹은 형성形聲이 그것입니다.

수는 셈하기인데 아홉 가지가 있습니다. 첫째, 밭두둑의 경계를 잴 때 쓰는 방전方田, 둘째, 교역을 할 때나 변역에 쓰는 율포栗布, 셋째, 귀천에 따른 봉급과 세금을 계산할 때 쓰는 쇠분衰分, 넷째, 쌓아 덮는 것과 방원을 헤아릴 때 쓰는 소광少廣, 다섯째, 공정과 적실을 할 때 쓰는 상공商功, 여섯째, 원근의 수고비를 계산할 때 쓰는 균수均輸, 일곱째, 나타나 보이지 않는 수로 서로 나타낼 경우에 쓰는 영뉵盈朒, 여덟째, 어긋난 것이나 흰 것, 바르거나 구부러진 것을 잴 때 쓰는 방정方程, 아홉째, 높고 깊은 것, 넓고 먼 것을 잴 때 쓰는 구고句股입니다.

구체적으로 글자 쓰는 법을 익히고, 셈하는 방법을 익힌다는 점에서 서수는 오늘날 지식 공부의 한 측면으로 볼 수 있습니다.

무예에서 삶의 예술로

이러한 육예를 유기적으로 이해하면, 예의禮는 우주자연과 인간, 국가와 국가, 사람과 사람 사이의 적절한 도에 맞게 하고, 음악樂은 인간과 관계하는 모든 것을 화합으로 유도하며, 활쏘기射를 통해 사람의 덕행을 보고, 말부리기御로써 말을 달리고 몰아가는 마음의 상태를 바르게 하며, 글공부書를 통해 사람의 마음씨를 보고, 셈하기數로 사물의 변화 상황을 구체적으로 파악하게 합니다. 육예는 이와 같이 모두 명확한 이치가 붙어 있는 것으로, 일상생활을 세련되게 다듬어 줍니다. 따라서 인간의 삶에서 필수적인 것입니다.

이런 차원에서 예를 이해한다면, 무예武藝는 일반적으로 생각하는 것과는 상당히 다른 느낌으로 다가올 것입니다. 앞에서 언급한 것처럼 무는 그 어원상, '그치다' 라는 의미의 지止와 창을 상징하는 과戈의 합성어로 창과 방패를 쓰는 전쟁(병란)을 그치게 한다는 의미가 들어 있습니다. 따라서 사람을 죽

이거나 해치거나 정복하려는 의미보다는 상생win-win과 평화의 의미가 스며 있습니다. 이렇게 볼 때, 무예는 인간의 삶에 필수적인 것으로 구체적인 이치를 지니고 있고, 일상생활을 세련되게 하는 데 기여하는 것으로 이해할 수 있습니다.

태권도를 무예로 인식한다면, 태권도는 인간의 심신을 단련하는 데 필수적인 요소이고, 중요한 이치를 지니고 있으며, 일상생활을 세련되게 하는 생활양식입니다. 그것은 인간이 단순하게 포착할 수 없는 영혼의 움직임을 신체 동작으로 공간에 표현하는 영혼의 표현 예술입니다. 자연법칙과 삶의 아름다움을 개성에 따라 세계라는 공간에 펼치는 신체를 통한 창작 예술입니다. 인간의 힘, 손짓과 발짓을 중심으로 하는 몸짓을 최대로 활용하여 우주의 박자에 맞춰 춤추는 역동적 무용입니다.

따라서 이제는 태권도를 하나의 무예로 인식하면서 삶의 예술로 승화시킬 필요가 있습니다. 그래야만 국기로서 국민 전체가 공유할 수 있습니다. 다시 말하면, 특수한 무술이나 무도로 일부 태권도인들이 행하는 전문적이고 기교를 부리는 것에서 벗어나야 합니다. 건전한 육체와 정신을 지닌 보통 사람 모두가 수행할 수 있고 공감할 수 있어야 합니다.

스포츠, 운동을 넘어

그런데도 우리는 태권도를 운동, 또는 스포츠로 단순하게 인식하고 있습니다. 그러니까 국내외의 각종 스포츠 경기, 시합, 세계선수권 대회, 올림픽 종목 등 스포츠 경기 종목의 하나로 회자됩니다. 이때 운동은 특수한 분야의 일정한 형식과 내용을 담고 있는 체육과 동일한 형태에서 논의됩니다. 예를 들어, '내가 운동을 한다' 고 언급하면 태권도, 유도, 검도, 합기도, 복싱, 축구, 농구, 야구 등과 같은 다양한 체육 종목을 통해 심신을 단련하고 사회에 기여하는 것으로 이해된다는 말입니다. 이런 인식에만 머물 때, 우리는 폐쇄적이고 시대에 뒤떨어진 관념에 매몰되고 맙니다.

21세기는 다양한 사고가 실타래처럼 교차하며 공존하는 시대이자 개방적인 사회입니다. 개방은 개혁을 유도하고 개혁은 사고의 전환과 기존 관념의 혁신을 요구합니다. 하나의 사고에 얽매여 있다면, 발전의 가능성은 그만큼 축소됩니다. 열어 놓고 받아들여 자신의 것으로 새롭게 창조해 나갈 때, 시대에 맞는 혁신적 사고와 실천이 다가옵니다.

우리 태권도인 모두가, 스스로에게 다시 물어 봅시다.

'나는 태권도인이다. 그런데 태권도인일 뿐인가? 단순히 운동하는 존재에 그치는가?'

그리고 또 성찰해 봅시다.

'태권도는 스포츠입니까?'

'정말 운동에만 머물러 있는 것입니까?'

'국내외 경기에 참가하여 메달을 놓고 경쟁하는 스포츠 경기일 뿐인가요?'

제2장 태권도는 '공부'입니다

士雖有學 行爲本焉
사수유학 행위본언

지도자가 배운다고 할지라도
실천을 근본으로 삼는다 『묵자墨子』

1. 태권도와 '공부' 에 대한 오해가 있습니다

태권도가 '공부' 다?

태권도는 매우 체계적인 원리와 이치에 따라 구성되어 있습니다. 거기에는 우주의 질서와 철학적 사고가 녹아 있습니다. 주춤서기에서 몸통지르기, 품새, 겨루기 등 하나하나의 동작에는 동아시아, 특히 대한민국의 정신이 고스란히 담겨 있습니다. 그러므로 태권도를 수련하고 연마한다는 것은 우리 대한민국의 정신을 몸에 배게 한다는 의미입니다. 이런 태권도를 어떤 사람은 미학적으로 표현하기도 합니다.

여기에 태권도를 단순히 운동이나 스포츠로만 한정할 수 없는 이유가 있습니다. 태권도는 반드시 공부의 경지로 승화되어야 제 빛을 드러낼 수 있습니다. 태권도를 공부로 표현하니까 좀 낯설게 느껴지지요? 그러나 앞으로 진행되는 설명을 들어보면, 그 이유를 알 수 있을 것입니다.

우리는 일상생활에서 '공부' 라는 말을 참으로 많이 씁니다. 아이들에게, 동료에게, 어른들 사이에, 무언가를 잘 모를 경우, '공부 좀 하라!' 고 충고합니다. 그런데 조금만 생각해 보면, '공부' 라는 말은 그 쓰임이 묘약과 같은 언어입니다. 잘하면 칭찬을 듣고 기분도 좋아지며 삶에 희망을 불어넣어 주는 말이 됩니다. 그러나 잘못하면 욕을 얻어먹고 기분도 나빠지며 삶에 절망감을 주는 지긋지긋한 말입니다. 잘하면 잘하는 대로, 못하면 못하는 대로 나름대로 고민에 빠져들게 만드는 마술과 같은 말입니다.

공부에 대한 추억

우리는 통상 '공부' 라는 말을 '지식' 을 얼마나 잘 터득하느냐의 문제와 연관시키는 경향이 있습니다. 학교에서 공부를 잘한다고 했을 때, 대부분이 국어, 영어, 수학, 과학 등 교과목의 시험 점수를 얼마나 높게 받느냐에 의존하여 평가를 합니다. 그런데 태권도나 축구를 아주 잘하는 경우, 공부를 잘한다고 말하지 않습니다. 이런 고정관념이 문제입니다. 아니 태권도 유단자가 되고, 축구 대표선수가 되기가 쉽습니까? 태권도 지도자 여러분들이 스스로 돌아보십시오. 태권도에 관심만 갖고 도장에 나가지 않고 가만히 있었는데도, 유단자가 되고 사범이 되던가요? 절대 아닙니다.

우리나라 아이들의 실정을 공부와 연관하여 조금만 고민해 봅시다. 동서고금을 막론하고, 아이들은 공부하는 일보다는 노는 데 관심이 많습니다. 적절한 놀이 환경만 제공해 주면, 피곤해서 잠에 곯아 떨어지기까지 끊임없이 개구쟁이 짓을 하면서 놀아댑니다. 그러니까 아이들을 놀이하는 존재로 묘사하지요. 그런데 요즘 우리 아이들은 놀기보다는 엄청나게 공부하는 존재들이 되어 버렸습니다. 웬만한 초등학생들은 학교생활 이외에 몇 가지씩 과외 공부를 합니다. 국어, 영어, 수학 등 지식습득을 중심으로 공부를 합니다.

중 · 고등학생들의 경우는 더욱 심합니다. 대부분의 청소년들은 학원에 다니거나 학교 자율학습을 경험하고 있습니다. 새벽부터 밤늦게까지 쉴 새 없이 공부의 연속입니다. 이유는 간단합니다. 좋은 대학 들어가야 하니까요. 우리 사회에서 대학은 취직의 기본 잣대이고, 집안을 빛낼 수 있는 사회제도이며, 훌륭한 사람이 될 수 있는 관문입니다. 아울러 주변 사람들의 지나친 기대 또한 청소년들이 공부만 해야 되는 이유이기도 합니다. 그러기에 우리 청소년들은 이런 요구에 엄청난 스트레스를 받으며 밤낮으로 교과서적 지식을 공부합니다.

어른들의 경우는 훨씬 심각합니다. 우주 첨단 과학 시대, 인터넷, 세계화, 글로벌 시대, 디지털, 지식 정보 사회라는 변화 추세 속에서 자신과 가족의 생존을 위해 끊임없이 공부해야 합니다. 컴퓨터 인터넷 사용, 외국어 구사 능력, 새로운 시대 감각 등 엄청난 지식 정보를 익혀야 합니다.

아이에서부터 어른에 이르기까지, 이러한 생활은 엄격히 말하면 자신의 의지와는 무관하게 진행됩니다. 시대 상황에 적응하고 생존하려는 몸부림 속에서 펼쳐지는 암울한 삶의 경쟁입니다.

우리는 이와 같이 정돈된 지식의 체계를 자신이 처한 상황에 따라 확보하는 과정을 공부라고 이해합니다. 이런 인식은 교육이 늘 지식을 습득하고 응용하는 것으로 이해되었기 때문입니다. 농부가 씨앗을 뿌리고 김매고 수확하는 행위나 노동자가 고난도의 기술을 발휘하여 상품을 생산할 때, '공부한다' 고 말하지는 않습니다. 그냥 '농사를 짓는다' 고 하거나,

'일을 한다' 고 표현합니다. 또한 친구와 어떤 문제에 대해 심도 있는 대화를 하거나, 다툼과 화해, 시기와 질투, 실수와 용서 등 사람 사이의 다양한 삶의 문제를 공부와 연결시켜 의미를 부여하지도 않습니다. 삶은 공부와는 아주 별도의 문제로 생각합니다. 이런 사회적 인식이 문제입니다.

태권도지도자들의 시범

운동과 공부

태권도의 경우는 어떻게 인식합니까? 주춤서기에서 지르기, 품새를 익혀갈 때 공부한다는 생각을 합니까? 그렇게 생각한다면 정말 훌륭합니다. 그러나 대부분의 경우 태권도와 같은 스포츠를 공부와 분리하여 '운동' 이라고 말합니다. 그러니까, '얘는 운동은 잘하는데 공부는 못해!' 라는 말이 나옵니다. 다시 말하면 운동은 공부와는 다른 별도의 지점에서 논의됩니다.

왜 이런 의식이 생겼을까요? 그것은 공부에 대한 우리의 전통을 상실했기 때문입니다. 특히 과학화를 앞세운 서구의 근대교육이 우리나라에 도입되면서, 지식 중심의 교육 체제로 굳어져, 공부의 참 의미가 사장되었기 때문입니다.

제대로 수련을 거친 태권도 유단자, 차범근 같은 축구 선수, 선동렬 같은 야구 선수, 이들은 단지 다른 사람보다 건강한 육체를 지니고 있기에 운동만 했던 사람일까요? 절대 그렇지 않습니다. 그들은 누구보다도 열심히 자기 분야에서 묵묵히 공부한 사람입니다. 공부의 결과 최고의 자리를 확보하는 성과를 얻을 수 있었던 것입니다.

2. '공부'의 진정한 의미는 무엇일까요

공부의 말뜻

그렇다면 진정 공부는 어떤 의미를 지닌 말일까요? 실제로 공부는 몸을 단련하는 운동과 매우 연관이 깊습니다. '공부한다'는 말은 영어의 '투 스터디to study'에 해당합니다. 이는 '개념적 지식의 한계를 넓힌다'는 의미로 흔히 우리가 말하는 지식 공부를 뜻합니다. 이러한 인식이 우리가 현재 시행하는 교육 행위의 대부분을 차지하지만 실제로 공부工夫라는 말은 이와는 매우 다른 의미를 지니고 있어요.

공부工夫는 원래 공부功扶의 뜻과 형태가 축약된 것입니다. '공功'이란 말에는 '힘力'이 들어 있어요. 애써 노력한다는 뜻이 있습니다. '부扶'에는 손扌이 들어 있습니다. 손으로 어떤 작업을 하는 모습입니다. 이는 인간이 도구를 사용하는 손작업을 통해 힘써 노력하며 무언가를 달성해가는 모습입니다. 요컨대, 인간의 끊임없는 노력과 성취를 의미합니다. 이해도 도울 겸 영어로 표현해 보지요. 공功은 '투 어취브to achieve', 부扶는 '투 서포트to support' '투 에이드to aid'라는 뜻입니다. '어취브'로 볼 때, 공부라는 말에는 '성취하다'라는 의미가 담겨 있고, '서포트', '에이드'는 '도와주다'라는 뜻이 내포되어 있습니다. 따라서 공부는 '무엇 무엇을 도와서 성취한다'는 말이 됩니다. 이는 결코 지식을 습득하는 일에만 한정되는 것이 아닙니다. 이 세상의 모든 것에 대해, 존재와 행위를 포함하여 말하는 것입니다.

공부의 과정

우리나라 전통사상에서 공부라는 말은 다음과 같은 구절에서 확인할 수 있습니다.

> 친구들끼리 토론하고 학습할 때에,
> 서로를 관찰하면서 좋은 **공부**가 많은 것!
> 그 이상 더 좋은 방법은 없다.

이 말은 『예기禮記』에 나오는 학문하는 네 가지 방법에서 유래하였다고 합니다. 학문하는 네 가지 방법은 다음과 같습니다.

첫째, 잘못을 미연에 방지하는 마음 상태를 지녀야 합니다. 그것을 '예豫' 라고 합니다. 어떤 상황이나 사태에 대해 미리 예방한다는 뜻이지요. 둘째, 때에 적절하게 깨달음을 얻어야 합니다. 그것을 '시時' 라고 합니다. 시의적절時宜適切하다는 말과도 통합니다. 셋째, 자기의 직분과 능력을 뛰어넘어 무리를 하지 않아야 합니다. 그것을 '손孫' 이라고 하는데 겸손과 같은 뜻입니다. 넷째, 항상 끊임없이 서로를 본받으면서 몸을 닦는다는 말입니다. 그것을 '마摩' 라고 합니다. 흔히 갈고 닦는다는 의미의 연마鍊摩나 단련과도 같은 말입니다.

'공부' 는 이 가운데서 '항상 끊임없이 서로를 본받으면서 몸을 닦는다' 는 방법을 인용하는 과정에서 생긴 용어입니다. 그러므로 '몸을 닦는다' 는 의미가 핵심이 됩니다. 그런데 혼자서 자기 한 몸만 닦으면 그만인가요? 아닙니다. '서로' 라는 말 속에 이미 나와 나 아닌 타인이 마주하고 있습니다. 그리고 그 관계는 '본받고 닦는' 노력 속에서 지속됩니다. 마摩는 갈고 문지르고 비비는 행위입니다. 무디어진 칼을 갈면, 날카로운 칼이 되어 새 칼처럼 됩니다. 어떤 물건을 문지르고 비비는 행위는 새로운 것으로 만들어 다시 일을 시작할 수 있는 희망의 상징이 됩니다. 공부는 그런 '닦음' 이 핵심입니다. 이것은 지식을 터득하는 일에만 한정되는 것이 아닙니다. '닦음' 과 관련되는 '닦을 수修' 가 들어가는 용어로는 '수양修養' '수신修身' '수련修練' 등이 있습니다. 이 모두는 '공부' 를 나타내는 말입니다.

쿵후

일본말과 현대 중국어의 '공부' 라는 말 속에서도 그런 단서를 발견할 수 있습니다. 일본어에서 공부工夫라는 말은 '쿠후우' 로 발음이 됩니다. 그 말뜻은 '무엇을 요리조리 궁리하는 일', '수단이나 방법을 강구하는 것' 입니다. 현대 중국어의 경우에는 '꽁푸' 로 발음이 됩니다. 많이 들어본 말 아닙니까? 약간만 부드럽게 발음해 보세요. 꿍푸… 꿍후… '쿵후!' 유명한 무술영화배우였던 이소룡이나 성룡, 이연걸 같은 사람들의 중국 무술을 쿵후라는 말로 대변하지 않았던가요? 또한 주변에 쿵후 도장이나 체육관도 꽤 있습니다.

쿵후는 본래 어떤 기술자가 자기 분야에서 놀라운 기술을 발휘할 때 쓰던 말이었습니다. 예컨대, 목수가 나무를 정교하게 깎는다거나, 서예가가 붓을 능수능란하게 휘두른다거나, 요리사가 조리용 칼을 자유자재로 놀릴 때, '공부가 대단하다' 고 말합니다. 다시 말하면, '어떤 사람이 무엇 무엇을 도사같이 잘한다' 고 할 때, '도사같다' 는 말이 공부가 된 사람이라는 뜻입니다. 그러니까 어떤 분야에서 '탁월하다', '아주 뛰어나다', '전문가의 경지에 도달하다' 라는 말은 공부한 사람의 상징입니다. 그러므로, 태권도 유단자, 특히 경지가 높은 사범들의 경우, 공부를 아주 많이 한 사람으로 이해할 수 있습니다. 4, 5단 정도의 유단자로서 태권도를 지도하는 사범은 이미 공부가 상당히 된 사람입니다.

이렇게 본다면, 공부는 조각난 지식들을 단편적으로 습득하는 행위에만 그치는 것이 아닙니다. 정돈되고 체계적인 지식을 확보하는 학교교육만을 의미하지 않습니다. 다양한 차원의 제도적 · 형식적 교육이 존재합니다. 이런 의미에서 태권도 도장은 태권도 공부를 연마하는 수련장입니다. 앞으로는 학교를 비롯한 다양한 교육기관에서 실천하는 지식교육은 '국어 공부', '영어 공부', '수학 공부' 등 해당 분야의 공부로 한정해서 규정해야 할 것입니다. 그리고 더 이상 태권도를 운동으로만 인식하는 고정관념은 버려야 합니다. 태권도는 공부입니다.

다시 고민해 보지요. 태권도는 운동일 뿐만 아니라 매우 중요한 공부 가운데 하나입니다. 영어 회화 공부와 동일한 차원의 공부입니다. 그렇다면 우리가 '공부를 한다' 고 했을 때, 그것은 무엇을 위한 어떤 부류의 공부인가요? 삶의 전체 맥락에서, 공부의 동기, 목적, 과정, 내용, 방법 등을 구체적으로 고민할 필요가 있습니다. 그래야만 삶의 목적과 의미, 가치가 도출되기 때문입니다. 몸을 수련한다면 '몸 공부' 라고 말하고, 마음을 수련한다면 '마음 공부' 라고 하며, 자동차 정비를 능수능란하게 잘하는 숙련공이라면 '기술 공부' 를 한 사람이고, 다른 사람들을 위한 봉사 활동과 정신에 투철한 사람이라면 '서비스 공부' 를 열심히 한 사람으로 볼 수 있습니다. 다시 말하면, 그 사람이 구체적으로 종사하는 영역에 따라 '공부' 의 면모가 다르게 드러납니다. 태권도인은 태권도 공부에 충실한 사람입니다.

태권도지도자의 수련 심사

태권도인다운 사람

공부는 이론적 지식만을 다루는 학자들만의 전유물이 결코 아닙니다! 아이들은 아이들 나름의 공부가 있고, 청소년은 그들 나름대로, 또 어른은 어른의 삶에 맞는 공부가 있습니다. 학자는 자기 전공 영역이 있고, 예술가는 자신만의 독특한 예술 세계가 있으며, 장인은 흔히 말하는 장인정신이 있습니다. 그리고 태권도인에게는 태권도라는 무예와 교육이 있습니다.

인간은 모두가 특정한 부류의 직업에 종사하고 있습니다. 그것은 인간이라면 누구나 자기 공부를 하고 있다는 증거입니다. 대신 사람에 따라 어느 정도 자기 공부에 충실한가의 차이는 있습니다. 그에 따라 삶의 무게와 깊이가 달라집니다.

공부는 그것이 어떤 형태이건, 이미 우리의 생활을 이루고 있습니다. 따라서 인간의 모든 행위는 이미 공부의 상황입니다. 그것은 직업에 종사하는 사람들의 인간됨의 과정입니다. 공부에 투철한 만큼 성숙도가 높아지고 지도성leadership을 발휘할 수 있습니다. 그렇게 우리의 현실적 삶은 공부의 과정으로 표현됩니다.

현대 사회에서 공부의 과정을 구체적으로 보여주는 것이 바로 직업의 세계입니다. 직업의 세계에서 공부는 '전문성의 확보' 와 관련됩니다. 전문성의 확보는 끊임없는 '노력' 의 결과입니다. 바로 공부의 효과이지요. 모든 인간이 나름대로의 분야에서 노력을 통해 자신의 입지를 굳건히 할 때, 공부의 수준을 논의할 만합니다. 태권도인이 끊임없는 자기수련 과정과 교육을 통해 태권도인으로 분명한 자리매김을 할 때, 열심히 공부한 사람으로 인정받을 수 있습니다.

우리는 통상 자신이 처한 자리에서, 높은 품위와 삶의 질적 수준을 유지하면서 올바르게 존재할 때, '답다' 라고 말합니다. 어떤 문제 상황에 직면하여 태권도인이 태권도인으로서 마땅한 일을 했을 때, 사람들은 '그 사람 정말 태권도인답구먼!' 이라고 할 것입니다. 그것은 태권도인에게 최고의 찬사입니다. 마찬가지로 아이에게 '아이답다', 학생에게 '학생답다', 부모에게 '부모답다', 선생에게 '선생답다' 등 그 사람이 맡은 직책과 지위에 적절한 행위와 태도를 보일 때 '답다' 라고 합니다. 이 '답다' 라는 말을 들을 때, 바로 '공부의 수준이 절정에 달했다' 고 볼 수 있습니다.

그런데 '태권도인답다!' 는 말에 숨겨져 있는 의미는 무엇일까요? 특히 공인 단증 중에서도 높은 단수의 자격을 지니고 있는 태권도인의 인격은 어떤 것일까요?

제3장 태권도는 '교육'입니다

學不可而已 青取之於藍 而青於藍 氷水爲之 而寒於水

학불가이이 청취지어람 이청어람 빙수위지 이한어수

배움은 그만둘 수 없다

푸른 물감은 쪽풀에서 얻지만 쪽풀보다 푸르고

얼음은 물에서 얻지만 물보다 차갑다 『순자 荀子』

1. '교육' 이란 말의 의미를 검토합시다

'교육' 이라는 말의 일반적 쓰임

교육은 서구 언어로 표현하면 에듀케이션education이나 페다고지pedagogy라고 합니다. 페다고지는 주로 '어린이를 이끈다' 혹은 '어린이를 지도한다' 는 뜻으로 쓰이고, 에듀케이션은 '내면에 지니고 있는 것을 외부로 드러내어 키워 준다' 또는 '인간이 선천적으로 타고난다고 생각되는 여러 자질을 잘 길러 주는 일' 입니다. 태권도인은 태권도를 통하여 이런 교육을 실천합니다. 아이들을 지도하기도 하고, 자질을 길러 주기도 하지요. 그런데 실제로 우리는 교육이라는 말에 대해 너무나 무지합니다. '교육' 이라는 말을 모르는 사람은 거의 없지만, '교육' 이 무엇이냐고 물으면 대답하기가 쉽지 않습니다.

잘 생각해 보세요. 교육이 무엇인가요? 단순히 '가르치는 일' 인가요? 그렇다면 '가르치다' 라는 말은 무엇을 의미하는가요?

대부분의 경우 우리는 '가르치다' 라는 말을 할 때, '교사가 학생에게 일정한 교육내용을 전달하는 일', 혹은 '윗사람이 아랫사람에게 특정한 내용을 일러주는 행위' 등 위에서 아래로 수직적으로 전달되는 교수教授나 하교下教, 명령命令 행위로 인식합니다. 그런데 실제로 '가르치다' 라는 말, '교教' 에 내포된 뜻은 상당히 다른 의미가 들어 있습니다. 그것을 올바로 이해할 때, 교육은 제대로 빛을 발할 수 있습니다. 태권도 교육, 지도의 방향도 마찬가지입니다.

가르침과 세계

교敎의 글자를 분석해 보면, 왼쪽은 효爻와 자子, 오른쪽은 복攴으로 구성되어 있습니다. 뜻 글자, 이른바 표의문자表意文字의 특성상, 가르치다는 뜻을 명확하게 이해하기 위해서는 복잡한 한문의 모습과 구성 체계를 이해할 필요가 있습니다.

교의 왼쪽 윗부분인 효爻를 잘 봅시다. 글자가 X자를 두 개 써 놓은 것처럼 보이지 않나요? 마치 두 가닥의 노끈이나 새끼줄이 꼬여 있는 것처럼 엇갈려 있는 모습입니다. 이것은 '사귀다, 얽히다, 엮기다' 라는 의미를 나타냅니다. 즉 사물 사이의 교차나 섞임, 관계 형성과 같은 어울림을 보여줍니다. 이는 그물이 얽혀 있듯이 하나의 망網과 같은 세계의 모습을 표현합니다.

나의 주변으로부터 세계를 돌아보세요. 모든 것은 서로 연관되어 얽혀 있습니다. 하늘과 땅이 모든 사물을 감싸고 끌어안고 있습니다. '하늘 아래-땅 위' 의 사이 세계에는 인간을 비롯한 우주의 모든 사물이 서로 의지하며 존재합니다. 모든 사물은 반드시 다른 사물과 상호 연관되어 있지요. 이것이 사귐이요 얽힘이며 엮긴 상황입니다. 요컨대 우주 만물은 종횡으로 복잡하게 교차된 뒤섞임과 얽힘, 이른바 혼돈混沌, 카오

교敎자의 변화 모습과 의미

스chaos의 존재 양식을 지니고 있어요. 다시 강조하면, 교의 왼쪽 윗부분인 효는 서로 관계하고 있는 우주 사물의 상황, 세계상을 상징합니다. 그것은 교육의 바탕이자 전제 요건에 비유할 수 있습니다. 즉 교육의 핵심 대상으로서 세계상이요, 자연법칙에서 인문 · 사회 법칙을 포함한 우주와 인생의 모든 것에 대비해 볼 수 있습니다.

이런 측면에서 세계는 정말 위대합니다. 우리의 삶을 가능하게 하는 모든 관계망이 가로 놓여 있는 무한한 활동의 공간입니다. 태권도도 그런 세계 가운데 하나입니다.

어리석은 사람과 가르침

다음으로 교의 왼쪽 아랫부분인 자子를 봅시다. 子는 흔히 '아들 자' 로 알고 있습니다. 그러나 子를 지나치게 '아들 자' 로 한정하여 인식할 때, 교육을 잘못 이해할 수 있습니다. 적어도 가르친다는 말의 근원을 분석하는 차원에서는 '아들 자' 로 이해하는 의식을 넘어서야 합니다. 사전에서 확인해도 子는 20여 가지가 넘는 뜻을 가지고 있습니다. 즉 아들, 딸, 자식, 아이, 알卵, 씨앗, 사랑하다, 양자삼다, 종속되다, 번식하다 등 상황에 따라 다양하게 쓰입니다.

교敎에서 자子는 '아기' 혹은 '어린이' 로 이해하는 것이 합당합니다. 왜냐하면 의미가 분화되기 이전의 자子는, 글자의 모습 자체가 아기가 강보襁褓에 싸여 있는 형상이기 때문이지요. 윗부분은 머리를 본떴고, 가운데 모양은 두 팔을 본떴습니다. 아랫부분은 다리를 본떴는데, 다리가 하나로 보이는 것은 강보에 싸여 있기 때문입니다. 이 때의 아기는 남자-여자, 혹은 아들-딸로 구별하여 이해하지 않습니다. 단지 어린아이일 뿐입니다. 동물에 비유하면 알이나 어린 새끼이고, 식물의 경우에는 씨앗이나 새싹에 비유할 수 있습니다.

가르침은 깨우침

교의 오른쪽 부분인 복攴은 '두드리다', '치다', '가볍게 살짝 때리다', '매, 회초리 치다' 등의 뜻을 지니고 있습니다. 글자 자체의 소리는 복卜을 따랐으나 뜻은 우又입니다. 우는 손을 의미합니다. 따라서 이 글자는 손又 작업과 직결됩니다. 본래 손으로 무언가를 움켜잡는 모양을 본뜬 글자입니다. 때문에 손으로 일을 하는 '수手작업'과 연관된다고 보면 좋습니다. 따라서 손으로 잡고 행해지는 활동과 연관시켜, '치다', '살짝 때리다', '건드리다', '깨우쳐주다' 등 여러 의미로 해석할 수 있지요.

태권도에서 주먹을 의미하는 권拳에도 손手이 들어 있습니다. 지르기, 치기 등의 기술이 손에서 나오듯이, 가르친다는 말인 교敎에도 그런 의미가 포함되어 있습니다. 아마 교육적 의미를 부여하면서, '회초리 치다, 깨우치다, 때리다'라는 글자로 뜻을 확장한 듯합니다. 이런 사실은 동양(혹은 우리 전통) 교육에서 체벌을 용인하는 근거가 되기도 합니다. 또한 원래 글자의 의미인 '치다'와는 별도로, 손의 움직임과 연관시킨다면, 인간이 도구를 사용하는 존재라는 것을 알려주기도 합니다. 확대 해석하면 현대적 의미의 노작勞作[hand] 교육과도 연계하여 설명할 수 있겠지만 그런 근거를 찾기는 쉽지 않습니다.

가르침은 만남과 깨달음의 연속

종합해 볼 때, 가르친다는 말인 교는 효爻, 자子, 복攴이 어우러진 글자입니다. 효爻는 우주 만물이 원초적으로 어울린 세계상을 상징하고, 자子는 어린아이를 나타냅니다. 그리고 복攴은 손으로 작업한다는 의미입니다. 그러므로 왼쪽 부분爻+子은 어린 아이가 우주의 상황, 세계상과 접촉하면서 느끼는 만남의 체계로 이해할 수 있습니다. 즉 우주의 어우러진 존재 근원을 어린 아이가 인식하고 영향을 받으며 모방하는 것과 관련됩니다. 마치 어린 아이가 태권도 수련장을 처음 찾아 왔을 때 마주치는 느낌과도 유사합니다. 아이가 태권도라는 세계를 처음 만났을 때, 어떤 감정을 지니게 될까요? 신기해할까요? 멋있어 할까요? 무서워할까요? 그 해답은 교육지도자로서의 태권도인들이 아이들과 만나고 대화하고 지도하는 과정에서 직접 느낄 수 있을 것입니다.

오른쪽 부분인 복攴은 손작업, 그 중에서 살짝 건드려 깨우쳐주면서 사람을 인도한다는 의미가 깃들어 있습니다. 요컨대, 세상의 어우러진 사물에 대해 어린 아이가 느끼고 모방하며 이해하려고 할 때, 윗사람인 스승, 어른, 교사, 지도자, 부모가 손으로 살짝 때려 깨우쳐 조심하도록 주의를 줍니다. 그 때 아랫사람인 제자, 아이, 학생, 구성원, 자식이 이에 따르는 전반적인 모습을 말합니다. 이는 태권도 지도자가 교육자로서 아이를 인도하는 방식과 연관됩니다. 태권도 수련에 열중하고 있는 아이에게 태권도 정신을 불어넣어 주는 행위와 관련됩니다. 태권도를 마주치고 있는 수련생에게 어떻게 깨우침을 줄 수 있을까요?

가르침은 대화의 장

다시 정리하면, '가르치다' 라는 뜻을 지닌 교敎의 본질적 의미는 다음과 같습니다.

왼쪽 부분은 복잡하게 얽혀 있는 우주 사물의 상황, 이 세계를 어린 아이가 접촉하고 만나며 무언가를 느끼는 모양입니다. 즉 아이가 이 세상에 태어나서 우주 사물의 관계와 질서 체계를 전면적으로 마주치면서 느끼는 상황이지요. 이는 가르침敎이 세계와 인간의 만남을 전제로 하고 있음을 보여줍니다. 태권도 교육에서 인간과 태권도가 만나듯이 말입니다. 오른쪽 부분의 손으로 회초리를 들고 있는 상황은 초달楚撻과 깨우침의 구조로 이해됩니다. 모든 교육에서 스스로 깨달을 수 있도록 도와주거나 깨우치는 일은 필수적입니다.

결론적으로 말하면, 가르침敎의 의미는 이미 세계를 접촉하고 있는 학생에게, 세상의 사물에 대해 공부하라고 선생이 손짓하며 재촉하는 모습입니다. 즉 세상과 마주치는 제자爻+子에게 스승이 회초리로 깨우침을 주는攴 관계망으로, 세계-학습자-교수자의 '세상과 사물에 관한 베풂과 본받음' 이 동시에 각인되어 있습니다.

태권도의 세계로 비유한다면, 태권도 교육은 태권도라는 세계와 그것을 마주하는 수련생, 그리고 태권도 지도자가 한 마당에서 어우러지는 모습입니다. 단순하게 태권도 지도자가 일방적으로 수련생에게 태권도 정신과 기술을 가르치는 것을 넘어서, 수련생이 스스로 태권도를 만나고 깨달으며 지도자와 교감하는 거룩한 만남과 대화의 장인 것입니다.

‘기르다’의 일반적 의미

가르침을 뜻하는 교에 대해 간략하게 설명했습니다. 그렇다면 교육에서 ‘기르다’는 말인 육育은 어떤 뜻을 담고 있을까요? 양육養育, 육성育成과 같은 말에서 보듯이, 육育은 ‘기르는’ 작업과 연관됩니다. 흔히 식물을 재배하거나 동물을 사육하듯이, 적절한 토양과 물, 영양분, 햇빛, 공기 등 일정한 조건을 제공하여 기르는 것을 연상하기 쉽습니다. 그러나 육의 원래 의미는 좀 색다른 뉘앙스를 지니고 있어요. 다음 설명을 눈여겨보기 바랍니다.

육育의 옛날 글자 모습은 한 여자와 그녀의 몸 아래에 머리를 밑으로 한 아기가 있고, 그 옆에 약간의 물이 있는 모습입니다. 이는 산모産母가 아이를 낳을 때의 모습을 상징적으로

육育자의 변화 모습과 의미

보여줍니다. 그러므로 육은 본래 '엄마 몸속에서 적절하게 길러진 아이를 낳다' 라는 의미를 지니고 있어요.

또 다른 해석은, 강보에 싸인 아기를 나타내는 자子와 고기를 표현하는 육肉이 합쳐진 모습입니다. 육肉은 '크게 저민 고기' 를 나타낸다고 합니다. 육자의 바깥冂은 큰 덩어리 고기의 모양을 본떴고, 가운데의 두 획仌은 고기의 힘줄 혹은 살결을 본떴다고 해요. 이때 육은 산모의 몸으로 이해할 수 있습니다. 이런 해석을 놓고 볼 때, 육은 흔히 어머니가 몸속에서 자식을 품어 기르다가 그를 낳는 데 비유하여, '기르다養' 라는 말로 통용됩니다.

기르는 일과 출산

그런데 교육과 연관하여 주의 깊게 살펴볼 부분이 있습니다. 육育의 윗부분에서 자子가 거꾸로 뒤집어진 모습을 하고 있다는 점입니다. 거꾸로 자리하고 있는 자子를 어떻게 인식하느냐에 따라 해석의 차원이 달라지지요. 위에서 살펴본 것처럼, 문자학적으로 육育은 산모의 아이 출산과 관련되어 있습니다. 이를 염두에 두고 다시 육育자를 살펴보세요. 거꾸로 자리한 아이子의 해석에는 두 가지가 있습니다.

첫 번째, 자子가 거꾸로 드러나는 것은 아이가 태어날 때 반드시 머리 부분이 먼저 세상에 나옴을 상징합니다. 즉 자연 분만을 통해 순산順産하는 경우라면, 아이는 엄마의 자궁을 통해 몸 가운데 머리 부분을 먼저 세상에 내보인다는 말이지요. 이런 정상 분만은 자연스럽게 아이를 잘 기를 수 있는 상황으로 이어질 것입니다. 여기에서 '기르다' 라는 의미의 육育은 엄마의 배 속에서 이미 길러지고, 자연 분만을 통해 그곳을 벗어나서 점차 양육되는 인간의 성장으로 이해됩니다. 이런 자녀의 양육은 자연성에 의거한 자연교육의 과정이겠지요. 대부분의 인간은 그렇게 성장합니다. 적절한 환경과 삶의 조건이 갖춰져 있다면, 아이는 큰 무리 없이 발달하고 성숙할 수 있는 것이지요.

두 번째, 자子가 거꾸로 자리한다는 것은 아이가 엄마 배 속에서 비정상적인 자세를 하고 있다는 의미입니다. 즉 순탄하게 출산하지 못할 정도로 구부리고 있거나 뒤집어진 자세를 하고 있다가 갑자기 출산하다는 뜻을 담고 있어요. 출산을 앞두고, '아이가 거꾸로 들어앉았다' 또는 '탯줄을 목에 감고 있다' 라고 표현하는 경우가 이에 해당합니다. 이런 경우 반드시 바로잡아주어야 출산이 가능하지요. 따라서 육育은 비정상적인 자세로 임신되어 있는 아기를 순산할 수 있도록 바로 잡아주어 갑자기 출산한다는 의미로 이해할 수 있습니다. 따라서, '기르다育' 라는 의미는 순산을 유도하듯이 인간의 삶을 '바르게 이끌다', '바로잡다正' 라는 행위와 동일한 맥락으로 이해할 수 있어요.

어머니 품안과 태권도 수련장

이렇게 볼 때, 육育에는 '엄마 배 속에서 10개월 동안 길러져서 아이를 순산하다', 혹은 '엄마 배 속에서 뒤집어진 모습으로 자리하고 있는 아이를 순탄하게 출산하도록 바로잡아주어 갑자기 출산하다' 라는 의미가 포함되어 있습니다. 동양에서는 전통적으로 이를 '자녀를 길러 훌륭하게 만들다' 라는 뜻으로 인식하였습니다.

태권도를 통해 어린이를 교육할 때도 마찬가지입니다. 태권도 수련장은 어머니의 배 속, 품안과 같은 따스한 집입니다. 아이가 자랄 수 있는 최적의 장소입니다. 아이들은 수련장에서, 어머니 배 속에서 자랄 때 영양을 공급받는 것처럼 태권도 정신과 기술을 전수 받습니다. 또는 잘못된 인성과 행동을 교정 받습니다. 이것은 태권도가 철저하게 교육이라는 점을 일러줍니다.

문자적으로 교육의 의미를 살펴본 것처럼, 태권도를 교육으로 이해할 때 올바른 지도가 가능합니다.

태권도 지도자 여러분, 태권도는 교육입니다. 태권도는 단순한 운동이 아니라 종합적인 교육의 범주에 속해 있습니다. 태권도 지도자는 말 그대로 사범師範, 최고의 교육지도자입니다. 스승이자 모범으로서 교육을 이끌어가는 지도자입니다.

2. '교육' 이란 말의 등장과 의미맥락은 이렇습니다

맹모삼천지교

동양에서 '교육教育' 이라는 말이 구체적으로 보이는 문헌은 『맹자孟子』입니다. 맹자는 맹모삼천지교孟母三遷之教로 우리에게 잘 알려져 있지요. 교육환경과 관련된 유명한 이야기입니다.

맹자의 어머니는 자식 교육을 위해 세 곳이나 이사를 다녔습니다. 처음에 살았던 집은 공동묘지 근처였다고 합니다. 공동묘지 근처에 살았으니, 자주 보는 게 무엇이었겠습니까? 장례치르는 일이었겠지요. 그런 광경을 수시로 목격하다보니, 어린 맹자는 상여꾼들이 노래를 부르며 상여를 메고 가는 시늉을 하고, 땅을 파서 관을 묻은 다음 둥그렇게 봉분을 만드는 장난을 하며 놀았다고 합니다. 이를 지켜 본 맹자의 어머니는 '여기는 자식 기를 만한 곳이 못 된다' 고 생각하고, 시장 근처로 이사를 하였습니다. 그러자 맹자는 장사꾼들이 장사하는 흉내를 내며 놀았습니다. 남대문 시장이나 동네 시장에 가면 장사꾼들이 "골라, 골라……" 하며 호객 행위를 하듯이, 그렇게 흉내 내며 놀았겠지요. 맹자의 어머니는 '여기도 역시 자식 기를 곳이 못 된다' 고 생각했던 모양입니다. 여러 가지로 생각한 끝에 이번에는 서당, 오늘날로 말하면 학교 근처로 집을 옮겼습니다. 그러자 맹자는 학생들이 공부하는 모습과 예의를 갖추고 인사하고 행동하는 광경들을 일일이 흉내 내며 놀게 되었습니다. 그 모습을 보고서야 맹자 어머니는 '여기가 진정 자식을 두고 기를 만한 곳이다' 라고 흡족해하며, 자리를 잡고 살았다고 합니다. 이것이 맹자의 어머니가 맹자를 데리고 세 번이나 옮겨 다니며 교육에 관심을 가졌다는 맹모삼천孟母三遷의 고사입니다.

태권도인들도 이런 교육환경을 진정으로 고민할 필요가 있습니다. 수련장을 꾸밀 때도 아이의 정서와 감정을 배려할 줄 알아야 합니다. 맹모삼천의 고사에서 보듯이, 아이들은 자기에게 주어지는 환경에 엄청난 영향을 받습니다. 분위기, 시각적 · 청각적 효과 등 다양한 측면에서 환경을 배려할 필요가 있습니다.

교육지도자의 세 가지 즐거움

어머니의 영향 덕분이었는지, 훗날 맹자는 교육에 많은 관심을 가지고 제자를 길러 냅니다. 그렇다 보니, 유학에서 최고의 성인聖人인 공자 다음간다는 의미로 아성亞聖이라는 칭호를 받게 됩니다. 이런 맹자가 『맹자』에서 동양에서는 처음으로 '교육' 이라는 말을 씁니다. 그가 어떤 맥락에서 그런 말을 썼는지 충분히 고민할 때, 교육지도자로서 태권도인의 자세를 더욱 공고히 다질 수 있습니다.

맹자는 군자君子의 세 가지 즐거움을 논의한, 이른바 '군자삼락君子三樂' 장에서 '교육' 이라는 말을 씁니다. 군자는 오늘날식으로 표현하면, '조무래기' 같은 인간을 의미하는 소인小人과 반대되는 개념입니다. 형편없는 인간을 흔히 소인배라고 하지요. 그와 반대되는 인간이니까 '젠틀맨' 즉 '신사' 나 '교양 있는 사람', '리더십을 갖춘 지도자' 정도로 이해하면 좋습니다. 그럼 군자는 어떤 즐거움을 지니고 있었는지 봅시다.

군자에게는 세 가지 즐거움이 있다고 합니다. 그런데 세상에서 왕 노릇 하는 일은 여기에 해당되지 않습니다. 왕이라면 세상 부러울 것 없는 최고의 자리인데, 왜 군자의 즐거움에 포함되지 않았을까요? 여러 가지 이유가 있겠지만, 요즘 시대의 대통령에 비유해 보면 즐거움을 누리지 못할 이유를 추측할 수는 있을 것입니다.

첫 번째 즐거움은 부모님이 모두 생존해 계시고 형제들이 무사하게 잘 살고 있는 것이고, 두 번째 즐거움은 나 자신이 하늘을 우러러 부끄럽지 않고 다른 사람들에게도 마음이 떳떳한 것이며, 세 번째 즐거움은 세상의 영재를 얻어 교육하는 것이라고 했습니다. 그것을 한자로 표현하면 이렇습니다.

부모구존 형제무고 일락야
父母俱存 兄弟無故 一樂也

앙불괴어천 부부작어인 이락야
仰不愧於天 俯不怍於人 二樂也

득천하영재이교육지 삼락야
得天下英才而敎育之 三樂也

교육의 위상

맹자가 말하는 세 가지 즐거움 가운데 세 번째 즐거움에 '교육' 이라는 말이 등장합니다. 그것은 세상의 밝고 지혜로운 인재를 모두 얻어서, 자기가 즐겨하는 것으로 가르치고 기른다면, 이 세상에는 우주의 이치와 법칙, 인간의 도리를 깨달은 사람이 많아져서, 아름다운 세상이 될 수 있을 것이라는 염원이 담겨 있습니다. 우리가 태권도를 국기로서 실천하는 이유도 이와 유사합니다. 그러니까 태권도가 단순히 체육이나 스포츠, 운동 경기를 넘어서 교육적 차원에서 논의되어야 한다는 말입니다.

다시 한번 봅시다. 맹자가 말한 군자, 다시 말해 건전한 인격자, 혹은 사회지도층 인사로서 교양 있는 사람은 어떠한 즐거움을 지니고 있는가요? 왜 굳이 세 가지 즐거움을 말했을까요? 그것은 인간 삶의 전체 면모와 관계됩니다.

첫 번째 즐거움은 혈연관계인 부모 형제들의 생존 및 무사함과 관련됩니다. 이는 개인의 존재 근거를 확인하는 작업입니다. 나는 누구인가? 어디에서 왔는가? 그 확인의 단초가 부모 형제입니다. 그것은 '교教' 에서 보았듯이 우주의 존재가 원초적 사귐交인 것처럼, 부모 형제의 관계 또한 나를 존재하게 하는 근원적 만남에 비유된다는 말입니다. 부모 형제 없는 내가 존재합니까? 그것은 고민할 필요도 없는 자연의 이치이자 우주적 진리입니다.

두 번째 즐거움은 나 자신의 양심에 기초한 떳떳한 삶입니다. 이는 현실 속에서 자신의 삶을 확인하는 작업이자 생활을 충실히 하는 문제입니다. 끊임없이 자신을 수양해나가는 자기 교육과 결부됩니다. 끊임없이 깨달음을 추구하며 배워나가는 자기 공부의 연속이지요. 태권도 수련도 이와 똑같습니다. 유단자가 될수록, 겸손하고 떳떳하게 자신을 단련하며 극복하려는 일과 동일한 맥락입니다.

세 번째 즐거움은 타자에 대한 교육 문제입니다. 영재라는 똑똑한 인간에 대한 이해와 배려의 차원에서 교육이 부각되는 모습입니다. 교육은 자신의 덕德이 충만할 때, 자기가 즐겨하는 도道의 전수를 통해 이루어집니다. 이때 덕德은 덕悳과 같은 말로, 인간에게 본래부터 갖추어진 '곧은 마음直心' 입니다. 곧은 마음은 선한 본성이고, 군자인 교육지도자는 그것을 체득한 존재입니다. 곧은 마음으로 무장한 인간은 그것을 타인과 함께 하여 공동체를 선으로 인도합니다. 이것은 태권도 교육지도자가 지녀야 하는 사명과도 통합니다.

이렇게 첫 번째와 두 번째 즐거움의 단계를 거쳐 세 번째 단계로 안착하는 것에서 교육의 중요성이 부각됩니다. 교육은 자기로부터 타자에게로 확장될 때 의미가 살아납니다. 흔히 농담으로 '공부해서 남 주자!' 라고도 하지요. 이제 태권도 지도자들은 태권도를 통해 자기 성숙은 물론 다른 사람의 성숙에도 기꺼이 동참해야 합니다. 그것이 맹자가 '군자의 세 가지 즐거움'을 논의한 곳에서 보여준 진정한 교육지도자의 길입니다.

제4장 공부한 사람, 태권도인다운 모습은 어디에서 찾을 수 있을까요

學問之道 無他 求其放心而已矣
학문지도 무타 구기방심이이의

배움과 물음의 길은 다른 것이 아니다
해이하게 풀어헤쳐진 마음을 다잡는 일일 뿐 이다 『맹자孟子』

1. 마음공부가 중요합니다

마음공부의 과정

태권도는 손과 발의 기술을 체계적으로 습득하고 몸과 마음을 단련하여 인간이 올바른 길을 가도록 도와주는 운동이자 자기교육입니다. 이때 수련의 특징은 몸과 마음의 능력을 별개로 보는 것이 아니라, 전체를 유기적 통일체로 보아야 합니다. 즉 몸 전체의 운동을 통해 정신과 육체를 통일하는 인격체로서 자기를 완성할 수 있도록 공부해야 합니다. 이런 자세가 진정한 태권도인으로 성숙하기 위한 기초이지요. 그렇다면 태권도 공부는 어디에서 어떻게 첫발을 내디뎌야 할까요?

옛 어른들은 사람을 가르치는 핵심적인 양식을 '경敬' 에서 찾았습니다. 어른을 공경恭敬한다고 할 때의 경입니다. 왜 '경' 으로 한다고 했을까요? 경이란 도대체 무엇일까요? 일상에서 우리는 예의와 관련하여 '공경' 하라는 말을 많이 합니다. 아이들에게 늘 '어른을 공경하라!' 고 교육합니다. 이때 공경은 '어른을 높이 받들어 모시라' 는 의미로, '존경' 이나 '공손' 한 태도와 통합니다. 그런데 경의 본질적 의미는 이와는 다른 차원입니다.

경敬은 본래 어떤 사태에 대한 걱정과 근심을 일깨워주는 말이었습니다. 이른바 '우환의식憂患意識' 을 깨우치게 하는 말이지요. 삶에서 걱정과 근심이 생겼을 때, 자기를 단속하고 정신을 집중하는 사물에 대한 근신과 성실한 마음 상태로부터 오는 것입니다.

'경敬' 자는 최초에 '동물적인 놀라움' 을 나타내는 '경驚' 이라는 글자에서 출발했다고 합니다. 경의 아랫부분에는 동물을 상징하는 말馬이 들어 있습니다. 동물은 경험하지 못한 상황을 마주치면 매우 당황해 합니다. 집에서 기르는 애완견의 귀에다 대고 고함을 질러 보세요. 어떻게 되겠습니까? 혼비백산하여 정신을 차리지 못할 것입니다. 또한 앞에 거울을 놓아둔다든지 깡통처럼 소리 나는 물건을 놓아두면, 처음에는 매우 조심스럽게 접근하다가, 거울에 비친 자신의 모습을 보고 깜짝 놀라거나 깡통 소리에 벌벌 떨기도 합니다. 이런 반응은 동물의 본능에서 나오는 놀람입니다. 그렇기에 놀랄 경驚자를 써서 표현한 것입니다.

공부의 과정

두 번째 단계는 '인간 스스로 지니고 있는 지식이나 경험에 의거하여, 어떤 일이나 문제에 부딪치기 전에 미리 경계하거나 대응 태세를 갖추고 있는 것' 으로서 경警으로 발전했다고 합니다. 경警의 아랫부분에 말言이 있지 않습니까? 이것의 의미 맥락은, '경계警戒' 혹은 '경찰서警察署' 등 우리의 삶과 가까운 곳 여기저기서 볼 수 있듯이, 인간의 말과 관련됩니다. 즉 앞의 경驚자처럼 동물을 상징하는 것이 아니라, 인간의 특성 중 하나인 언어, 말言이 개입되어 있습니다. 예컨대 범죄자가 경찰서에서 조사를 받을 때, 경찰관들은 범인에게 다양한 훈계를 할 수 있습니다. 그 훈계를 통해 범인은 잘잘못을 깨달을 것입니다. 뿐만 아니라 평상시의 생활에서 우리는 다양한 조언과 충고, 대화를 통해 서로에게 깨우침을 줍니다. 이렇게 말을 주고받는 행위는 동물적 · 본능적 · 자연적인 놀람의 단계에서 인간적 · 언어적 · 문화적인 놀람의 단계로 전환했다는 뜻입니다. 인간은 언어를 통해 사물을 접하고 언어를 통해 행위합니다. 따라서 언어를 축으로 생활을 절제해 나가고 규범을 설정합니다. 태권도 교육에서도 마찬가지입니다. 태권도 수련에서 쓰는 기합소리, 구령, 사범의 훈계, 수련생의 각성 등 모든 것이 조심스럽게 자신을 다스리는 경警의 단계입니다.

마지막으로 우리가 일상에서 쓰는 경敬의 단계입니다. 이는 '자기 내면에서 스스로 의지할 수 있는 진짜배기의 발견인 깨달음' 을 나타내는 말이라고 합니다. 그러니까 경驚이나 경警과는 달리 경敬자 아래에는 아무 글자도 붙어 있지 않습니다. 이는 본능적 놀람이나 문화적 놀람도 없는, 인간으로서 홀로 느끼고 깨닫는 수준, 즉 영혼의 승화로 발전했다는 의미입니다.

대부분의 건전한 인간은 이런 경험을 합니다. 천둥이나 번개와 같은 자연적 두려움에도 놀라고, 다른 사람의 충고와 외부의 사건에 의해 놀라기도 하지만, 자신의 몸 자체가 스스로 삶의 길을 인식하고 깨우치기도 합니다. '경敬' 은 바로 개인적 깨달음을 통한 인간성의 발현, 그 중에서도 '마음' 을 펼쳐 내는 공부입니다.

특히 태권도 교육지도자, 사범들은 태권도에 대해 스스로 깨달을 수 있는 경敬의 자세가 요구됩니다. 태권도 정신이 철저하게 몸에 배어야 합니다. 인간의 진실함을 깨닫고 함양하는 인간 수양의 길, 극기와 절제, 자율성, 정의와 평화를 추구하고 존중하는 인간의 길을 평생철학으로 실천해야 합니다.

한결같은 마음의 실천

그렇다면 마음은 어떻게 발현할까요? 옛 어른들은 '오로지 하나를 주체적으로 실현하고 엉뚱하게 다른 곳으로 나아감이 없다' 는 의미로 이해했습니다. 그것을 '주일무적主一無適' 이라는 말로 표현합니다. 이는 '마음을 오로지 한결같이 하여 다른 생각이 섞이지 않게 하고 다른 데로 달아나서 무언가를 일으키지 않는다' 는 말입니다. 예컨대 책을 읽을 때는 책만 읽어야지 밥 먹는 일이나 옷 입는 일에 신경 써서는 안 된다는 말과도 같습니다. 태권도를 할 때 태권도에 집중해야지, 다른 생각을 해서는 안 된다는 말이지요.

밥을 먹으면서 책을 읽는다고 생각해 보십시오! 태권도를 하면서 축구에 마음이 가 있다고 생각해 보십시오! 무엇인들 제대로 되겠습니까? 한 가지 일에 집중해도 될듯 말듯 한데,

한꺼번에 여러 가지 일을 동시에 진행해서는 한 가지 일도 완벽하게 성취하기 어렵습니다. 물론 우리 생활 가운데는 집중할 필요가 없는 상황도 있습니다. 오히려 집중을 하면 방해가 됩니다. 과자를 먹으면서 스포츠 경기를 관람한다든가, 누워서 텔레비전을 본다거나, 단순히 취미나 오락을 즐길 때 집중하는 것은 오히려 어리석은 일입니다. 목숨을 걸거나 삶의 방향을 좌지우지할 만한 일이 아니라 삶의 휴식을 가져오고 느슨한 형식의 생활에서는 아무래도 괜찮습니다. 그러나 신경써서 집중해야 할 일이 있을 때, 이것저것 마구 일을 벌려 놓으면 어느 것 하나도 제대로 성취하기 힘듭니다. 따라서 한 가지 일을 하고, 다음에 또 한 가지 일을 해나가야 합니다. 그것이 마음을 모아 흩어지지 않게 하는 공부 방법인 경敬입니다.

단정하고 또렷한 마음공부

경敬은 다른 말로는 '가지런히 하고 엄숙한 모습'으로도 표현합니다. 한자로 말하면 '정제엄숙整齊嚴肅'이라고 하지요. 마음을 하나로 모은 사람의 외모는 흐트러짐이 없습니다. 정리정돈이 잘된 방과 어지럽게 흐트러진 방을 비교해 보십시오! 어떤 사람의 마음이 차분하고 자기 조절을 잘 하고 있습니까! 우리가 흔히 말하는 '단정한 이미지!' 그것은 마음이 하나로 통일된, 차분한 사람에게서 풍겨 나옵니다. 말괄량이 삐삐와 같은 왈가닥에게는 기대하기 힘듭니다. 말괄량이의 마음은 가지런하거나 엄숙하기보다는 스프링처럼 늘 가볍게 튀어 나가기 때문입니다.

그리고 경은 '항상 마음을 깨어 있게 하는 법' 으로도 묘사됩니다. 그것을 '상성성법常惺惺法' 이라고 합니다. 밤하늘에 빛나는 별은 반짝반짝 거리며 자신의 마음을 호소하는 듯합니다. 평상시에도 별처럼 또렷또렷하게 마음을 깨우고 있는 모습, 그것이 경敬공부입니다.

이렇게 볼 때, 경敬공부는 깨달음과 성찰을 통해 자기를 다스려 가는 방법입니다. 우리의 옛 어른들은 이 경을 공부(교육)의 알파이자 오메가라고 하였습니다. 즉 공부의 시작과 끝이 되고, 인간의 마음을 주재하며 온갖 행위의 근본이 된다고 하였습니다.

이런 경敬공부는 태권도 교육을 담당하고 있는 지도자들이

태권도지도자의 격파 모습

지녀야할 필수적인 요건으로 생각됩니다. 늘 깨어 있는 정신으로 이 사회와 수련생들을 대할 때, 제대로 된 인간 사회의 모습을 담보할 수 있을 것입니다.

마음과 덕

마음의 문제를 좀더 철저하게 고민하기 위해서는 덕德에 대해 구체적으로 살펴볼 필요가 있습니다. 왜냐하면 포괄적 의미의 인간성은 결국 덕의 행보에 따라 의미규정을 달리하기 때문입니다.

지금은 좀 희미해졌으나, 예전부터 많은 사람들은 자신이 잘못을 저지르거나, 특별한 목적을 이루지 못했을 경우, '내가 덕이 부족한 까닭이다.' '덕이 없어서 그래!' 라고 말했습니다. 이른바 '덕 타령' 을 자주 했지요. 왜 그랬을까요? 그것은 자신의 인간성과 마음가짐, 삶의 과정을 거쳐 진행해온 공부에 대한 총체적 진단과 회한에서 터져 나온 자기반성입니다. 따라서 덕에 대한 정확한 인식은 교육지도자가 되기 위한 공부의 첫 단계에서 매우 중요합니다.

앞에서 '덕' 을 '올바른 마음' 이라고 했지요. 덕은 마음에 간직되어 있는 것입니다. 이것이 바깥으로 펼쳐지는 것을 덕행德行이라고 합니다. 사람의 마음은 '덕행' 으로 표출됩니다. 즉 마음에 있던 덕이 겉으로 드러나 볼 수 있을 때, 인간의 행위가 됩니다. 교육은 바로 덕을 간직한 마음을 올바르게 펼쳐갈 수 있는 능력과 방법을 익히는 과정입니다.

태권도지도자의 단련 모습

태권도 교육도 마찬가지입니다. 태권도를 통해 인간의 덕행을 다지고 성숙시키며 펼쳐가는 과정입니다. 특히 손과 발을 이용한 신체동작으로 자신의 몸과 마음을 수련하여 자기를 실현하는 자기교육입니다. 교육학 용어로 말하면 자기 주도적 학습self-directed learning, 혹은 자기 조절 학습self-control learning입니다.

2. 끊임없는 단련과 연마가 필요합니다

절차탁마切磋琢磨 **슬한혁훤**瑟僩赫喧

태권도는 부단한 수련을 통하여 자기를 수양하고 자기를 극복하며 자기를 실현하는 자기완성의 길입니다. 따라서 끊임없는 단련과 연마가 그 핵심 내용이 됩니다. 그것은 우리 전통교육이 강조하는 최대의 덕목이었습니다. 특히 『대학』에서는 공부의 최고 경지에 도달하는 지도자의 교육과정과 방법을 '절차탁마切磋琢磨' 와 '슬한혁훤瑟僩赫喧' 이라는 말로 표현했습니다. 그 말을 풀어쓰면 다음과 같습니다.

> 자르는 듯하고 깎는 듯하며, 쪼는 듯하고 가는 듯하다.
>
> 엄밀하고도 굳세며, 빛나고도 점잖다.

이는 공부의 원리와 방법을 상징적으로 표현한 것입니다. 스스로 행실을 닦고 마음이 긴장의 끈을 늦추지 않도록 하는 것, 그런 사람의 겉으로 드러내는 모습이 어떤지 상상이 갈 것입니다.

절차탁마에서 절切은 칼과 톱을 이용하여 자르는 작업이고, 탁琢은 망치와 끌로 쪼고 다듬는 일입니다. 그리고 차磋는 줄과 대패로 가는 것이고, 마磨는 모래와 돌로 가는 것입니다.

뼈와 뿔을 다루는 사람은 미리 그것을 잘라놓고, 다시 갈아서 물건을 만듭니다. 옥과 돌을 다루는 사람은 그것을 미리 쪼아 놓고 다시 갈아서 만듭니다. 자르는 데 칼과 톱을 이용하고, 가는 데 줄과 대패를 이용하는 것은 모두 물건을 매만져서 형체를 만드는 작업입니다. 아울러 쪼는 데 망치와 끌로 하고, 가는 데 모래와 돌로 하는 작업은 물건을 반들반들하게 만드는 일입니다. 형체를 만들고 그것을 다시 윤택하게 하는 일은 내심으로는 엄밀하고 꿋꿋하며 겉으로 드러날 때는 성대한 모양을 비유한 것입니다.

간단하게 비유하여, 산에서 거친 바윗돌 같은 원석原石을 캤다고 합시다. 석수는 부지런히 그것을 쪼고 깎아서 비석이나 돌부처 같은 물건을 만들 것입니다. 그 과정에서 석수는 혼신의 힘을 다하여 장인정신을 발휘합니다. 그리하여 최종적으로는 반들반들한 작품을 만들어 냅니다.

처음엔 거칠었으나 엄청난 노력과 가공을 통해 반질반질한 물건을 만들어 냅니다. 태권도의 수련과정도 똑같습니다. 태권도 교육지도자라면, 그런 과정을 거쳐 장인과 같은 최고의 정신과 기술을 겸비해야 합니다.

자기 노력

슬한혁훤에서 슬瑟은 조심하고 공경하는 모양이고, 한僩은 웅장하고 위엄있는 모양입니다. 혁赫은 불빛이 활활 타오르는 모양이고, 훤喧은 그 불빛이 크게 비치는 모양입니다. 이는 아름다운 덕행과 옥석의 조용하고 아름다움을 형용한 말로, 그것이 불빛처럼 환하게 밝아지는 것을 상징합니다. 절차탁마의 외면적 노력을 내면의 덕행으로 형상화한 말입니다.

이처럼 공부의 최고 경지에 머무르는 상황은, 끊임없는 노력을 바탕으로 도달되는 경지입니다. 마땅한 것, 사물에 걸 맞는 어떤 것이 있고, 그것을 제대로 쓰는 동시에 빛나는 사물을 만들기 위해 마땅한 방법으로 노력한다는 것 자체입니다. 태권도 교육의 과정도 이와 마찬가지입니다. 교육의 기본적인 틀을 배우고 익히고 습득한 후에는 그것을 세련되게 하는 작업, 즉 응용하고 적용하고 새로운 것을 창조하는 정교화 작업이 수반되어야 합니다.

이런 노력의 과정은 열심히 배우는 도학道學의 과정과 스스로 수련하는 자수自修로 실천되고, 지도자로서 갖춘 내면적인 덕과 밖으로 나타난 용모는 순율恂慄과 위의威儀라는 말로 드러납니다. 도학은 위에서 말한 절차切磋이고 자수는 탁마琢磨입니다. 순율은 슬한瑟僩 이고 위의는 혁훤赫喧에 해당합니다.

도학은 교육의 기본 과정이자 틀입니다. 이에 비해 자수는 그것을 스스로 체득하고 자기화하는 작업입니다. 그런 노력을 통해 삼가고 두려워하며 몸을 움츠리면서도 엄격한 용모를 갖추게 되고, 존경하지 않고는 못배길 정도의 법도에 맞는 행위자로 거듭납니다. 이는 지도자 교육의 구체적인 원리로, 최고선을 지향하는 근본 이유를 가르쳐주고 실천 방안을 마련해 주며 성취의 모습을 보여줍니다.

최고수의 경지

앞에서 언급한 절차탁마와 슬한혁훤을 교육에 비유하면 다음과 같습니다. 절차(자르는 듯하고 깎는 듯하다)는 강습하고 토론하여 자신의 지식을 넓히고 연구하는 것을 가리킵니다. 탁마(쪼는 듯하고 가는 듯하다)는 자신을 깊이 성찰하여 착한 곳으로 나아가려는 내적 노력에 비유됩니다. 슬한(엄밀하고 굳세다)은 두려워 떨면서 스스로를 깊이 경계하는 정신이고, 혁훤(빛나고도 점잖다)은 외모에 나타나는 태도나 풍채가 위엄있고 예절에 맞아 당당한 모습을 말합니다. 다시 말하면, 지식과 실천이 축적되고 터득되어 몸에 가득히 배어있는 참 인간의 형상으로 살아나는 것입니다. 교육받은 사람으로서 최고의 경지라 볼 수 있습니다. 태권도인이라

태권도지도자의 공부 과정

면 최고수에 비유할 수 있겠지요.

이렇게 본다면 공부의 최고 경지는 어떤 고정된 형태로 있는 형이하의 사물이 아니라, 일상에서 가장 적절한 삶의 지속성입니다. 중요한 것은 절차탁마의 과정과 슬한혁훤의 달성을 통해, 그것을 일상 속에서 지속 가능한 삶의 생명력으로 이어가는 일입니다. 그 완결된 몸과 정신을 지닌 인간이 바로 성인군자이고 지도자의 전형이며, 온전한 태권도인의 모습입니다.

제5장 태권도 정신과 우리 교육의 뿌리는 어디에서 찾을 수 있을까요

誠者 天之道也 誠之者 人之道也
성자 천지도야 성지자 인지도야

성실한 것은 하늘의 도이고
성실하게 만드는 것은 사람의 길이다 『중용中庸』

1. '우리 교육' 의 의미를 탐색합시다

국제화와 태권도

지금은 전지구가 하나로 연결되는 지구촌 시대, 이른바 글로벌, 국제화의 시대입니다. 마음만 먹으면 지구상의 구석구석까지 어느 곳이건 가지 못할 곳이 없습니다. 이 세상의 온갖 산물들을 맛볼 수도 있습니다. 특히 지식 정보가 나날이 새로워지고 네트워크, 디지털화가 진행되면서 삶의 공간은 더욱 확대되고, 교류도 가속화하고 있습니다. 컴퓨터의 보급과 인터넷으로 인해 안방에서도 지구 반대편에 있는 세상을 보고 듣고 즐길 수 있습니다. 하지만 다른 측면에서, 인간의 정신 능력이 첨단 과학 기술의 발전이나 정보의 홍수 등 세상에서 일어나는 일들을 감당할 수 없을 정도로 혼란스런 시대가 되었습니다. 하룻밤을 자고 나면 컴퓨터 가상공간에서는 이미 다른 세상이 생겨납니다.

이런 시대에는 '우리 것만' 을 고수하는 웅크린 자세보다는 우리 것을 소중히 하면서도 시간과 공간을 초월한 열린 마음으로 소통하며, 세계인으로서 자신의 삶을 가꾸어 나가는 철학이 요구됩니다. 인간관계에서도 가족이나 이웃, 민족과 국가라는 울타리만을 생각해서는 안 됩니다. 세계의 다양한 사람들을 만나고 어우러지는 사해동포주의가 제격이라는 느낌도 듭니다. '우리 것', '나의 것' 만을 찾는 자세는 자칫 잘못하면 편협한 국수주의로 전락할 우려도 있습니다. 특히 태권도인은 태권도가 우리 대한민국의 국기라는 이유로 우리 민족만이 누려야 하는 무예로만 생각해서는 곤란합니다. 태권도는 이미 올림픽 종목이 되었을 뿐만 아니라 세계 곳곳에 전파되어 세계인이 즐기는 무예가 되었습니다. 대한민국 국기 태권도인 동시에 세계 태권도라는 보편성을 획득한 것입니다.

외국의 태권도인

신토불이와 개방화

그런데 참 재미있습니다. 이런 국제화 시대에 한쪽에서는 우리 것을 찾는 사람들이 많습니다. 그것도 매우 적극적으로 찾아 나섭니다. 외국 농산물이 몰려오면 올수록, 『동의보감』을 쓴 허준 선생의 말처럼 신토불이身土不二를 외칩니다. 특히 어머니들은 가족의 건강을 챙기느라 먹거리에 늘 신경을 씁니다. 자식이 학교에서 어떤 급식을 하는지 일일이 확인할 정도로 관심을 보입니다. 외국에서 들여온 값싼 재료나 농약, 방부제 등 유해 물질이 섞인 농작물을 경계하며, 우리 것, 이른바 토종을 찾습니다.

이런 사회적 현상은 무엇을 말해주는 것일까요? 우리가 접하는 지구촌의 다양한 문화에 어떤 문제가 있는 것일까요? 아니면 그러한 문화를 우리가 받아들일 만한 능력이 부족한 것일까요? 그것도 아니면 우리 것, 즉 토종이라는 것에는 말로 표현할 수 없는 어떤 힘이 있는 것일까요?

한때 유명한 명창의 '우리 것은 좋은 것이여' 라는 광고가 크게 인기를 얻은 적이 있었습니다. 정말 우리 것은 좋은 것일까요? 이때 우리 것은 무엇을 의미할까요? 더구나 교육에서 우리 것, 토종이 가진 힘을 어떻게 발견할 수 있을까요? 태권도는 이 땅에서 자생한 우리 것, 전통 무예이자 교육인데 말이지요.

오랫동안 유교적 가치를 신봉해 온 우리의 전통교육은 이제 전 세계를 향해 주요한 메시지를 던지고 있습니다. 유네스코UNESCO에서도 교육과 경제 발달에 도움이 되는 주요한 가치로서 교육에 대한 우리의 열정을 인정하기 시작했습니다.

사실 우리나라의 어머니들은 '내 자식만큼은 훌륭하게 길러야지' 라는 희망으로, 수단 방법을 가리지 않고 자식 교육에 투자합니다. 세계적으로 유래 없는 교육열! 이것도 우리 교육의 한 특징입니다. 몸이 약하면 태권도 도장에 보내려는 것도 참 좋은 일임에 틀림없습니다. 그런데 태권도는 운동이고, 교육 혹은 공부는 또 다른 학원에서 하는 것으로 생각하니 문제가 있지요.

옛날에는 소를 팔아 대학을 보냈다고 하여 대학교를 '우골탑牛骨塔' 이라고 할 정도였습니다. 요즘은 잘 살게 되어 그런 말은 하지 않더라도 과외, 사교육 학원 및 입시 산업 등 다양한 교육열이 우리 교육의 핵심이 되었습니다. 이는 결국 자녀의 생존과 번영을 위한 부모의 바람입니다. 더구나 국제화, 지구촌 시대의 우리 아이들은 조기 유학을 비롯하여 외국어 교육, 연수 등 다양한 교육을 지향하며 세계로 나아가고 있습니다. 이런 시대에 우리 전통교육은 어떻게 자리 잡고 있을까요?

전통과 태권도

우리는 전통 음식, 전통 한복, 전통 가옥, 전통 예절 등 '전통' 이라는 말을 많이 씁니다. 어떤 측면에서는 '전통 = 우리 것' 이라고 이해하기도 하지요. 그런데 전통이라는 말 속에는 기존에 성행하는 일상과는 다른 어떤 이미지와 힘이 있습니다. 그것은 무엇일까요? 일상에서 유행하는 외래의 것, 서구화에 대한 회의일까요? 아니면 원래 있었던 토종의 가치에서 나의 존재를 발견하려는 깨달음일까요?

우리 것, 즉 토종의 가치 발견은 전통傳統; tradition이라는 살아 있는 의식에서 찾는 것이 바람직합니다. 전통이라고 하면 흔히 과거의 것, 고리타분한 것, 봉건적인 것 등으로 인식하여 거부감을 가지는 경우가 많습니다. 특히 전통은 문화유산이라는 말과 결부되거나 인습이나 유물이라는 말과 연결되어 부정적 이미지를 낳습니다. 하지만 이는 전통에 대한 우리 자신의 이해 부족에서 오는 하나의 환상입니다. 우리는 일상에서 자신도 모르는 사이에 어떤 의식이 형성되거나 습성이 배여 무의식적으로 행위를 하게 됩니다.

어떤 한국 사람이 중국 여행을 갔습니다. 그런데 여행 중 중국의 특별 음식이라고 나온 것이 대부분 기름지고 튀긴 요리들이었습니다. 처음에는 아주 맛있게 먹었지요. 그런 생활이 이틀 사흘 지나자 무언가 허전한 느낌이 들었습니다. 그래서 가만히 생각해보니 며칠 동안 한국에서 매일 먹던 쌀로 지은 밥을 한 끼도 먹지 못했던 것이었습니다. 그러니 밥 생각이 간절해지기 시작했습니다. 이제 그 맛있던 중국의 특별 요리도 사람을 질리게 만든 시점에 이르렀습니다. 그런데도 계속 중국 특별 요리만 나옵니다. 미칠 지경이지요. 바로 이럴 때, 밥이 한국인에게 습성으로 배어 있는 삶의 내용임을 확인할 수 있습니다.

전통은 이런 경험과 관계됩니다. 나의 삶에 실제로 녹아 있는 그 무엇인 것입니다. 전통은 유산으로 남아 있는 것이 아니라 후손들에게 받아들여질 때 의미가 있습니다. 누가 보아도 우리의 행동이나 신념으로 녹아 있으면서 오늘날에도 살아 있어야 합니다. 다시 말하면 과거의 것이지만 현재에 존재하고, 새로운 발명품처럼 주요한 삶의 부분이 되는 것입니다.

태권도의 역사를 살펴보세요. 고조선 시대부터 전해오는 다양한 무예가 있습니다. 그것이 태권도의 직접적인 역사는 아닐지라도 우리 무예의 전통을 형성하는 데 결정적 기여를 한 것은 분명합니다. 해방 이후 태권도라는 공식 명칭이 부여되고 국기로 정립되면서 무예의 전통은 태권도로 생명력을 이어오고 있는 것입니다.

온고이지신

『논어』에, '옛 것을 익히고 새 것을 안다'는 뜻의 '온고이지신溫故而知新'이라는 유명한 말이 나옵니다.

온고이지신은 전통과 밀접하게 관련되어 있습니다. '옛 것을 익힌다'는 의미의 '온고溫故'는 과거를 연구하고 탐구하는 작업입니다. 온고는 과거의 상황에 대한 현재적 성찰입니다. 그것은 전해오는 것에 대한 이해입니다. 이는 전통이라는 말에서 '전傳'에 해당합니다.

'새 것을 안다'는 의미의 '지신知新'은 미래를 내다보고 예측하는 작업입니다. 지신은 미래에 대한 현재의 관찰입니다. 그것은 다가올 것을 훤하게 꿰뚫어 보는 관통입니다. 이는 전통에서 '통統'에 해당합니다. 태권도의 과거를 성찰하고 미래를 예견해 봅시다. 어떻게 보입니까?

전통은 과거-현재-미래를 동시에 꿰뚫어 보는, 통시적으로 걸쳐 살아 있는 현재의 삶입니다. 그러므로 현재 우리의 삶 속에 녹아 있어야 합니다. 태권도인들의 가슴에 살아 있는 태권도의 과거-현재-미래는 어떠합니까? 태권도의 품새나 자세, 겨루기나 격파술만이 형식적으로 남아 있다면 이는 단순한 유산이나 유물에 불과합니다. 살아 있는 전통이 아니라는 말입니다.

전통의 정신은 유산이나 유물의 발견이 아닙니다. 그것은 전통의 발견입니다. 태권도를 실천하는 태권도인은 우리 전통을 발견하고 실천하는 진정한 온고이지신의 선구자들입니다. 태권도를 통해 우리 삶의 본보기로서 전래되고 전수된 것, 창조되고 이행되는 우리 의식을 찾는 사람들입니다. 과거에 존재했고 현재에 이행되고 있으며, 우리에게 믿음을 주는 역동적인 힘을 기르는 애국자들입니다. 그러기에 우리는 과거를 담고 현재에 살아 있으면서도 미래를 열어줄 우리 것에 애착을 가져야 합니다. 전통이 우리에게 자연스럽게 받아들여지는 것은 그럴 수밖에 없는 당위성 때문이지요.

일상생활에서 한번 보세요. 설이나 추석이 다가오면 고향으로 내려가는 사람들로 인해 교통대란이 일어납니다. 그것은 부모형제를 그리워하는 우리의 전통인 효제孝悌에서 비롯합니다. 누가 특별히 가르쳐 주지도 않았지만 우리는 당연히 고향을 찾습니다. 그것이 전통의 힘입니다. 태권도의 응집된 힘을 보세요. 파릇파릇한 잔디가 깔린 운동장에서 하얀 도복에 검은 띠를 맨 태권도인들이 품새와 자세, 겨루기, 격파 등을 선보일 때, 가슴 뭉클한 힘이 솟아오릅니다. 특히 외국인들의 눈에는 '한국인들의 전통적인 힘이 여기에 있구나!' 라고 감탄하는 경우가 많습니다. 그것은 단순히 태권도 시범을 보고 느끼는 감동을 넘어선 차원입니다. 다름 아닌 태권도 정신과 우리 전통의 미학이 녹아 있음을 발견했기 때문입니다.

전통의 억압과 태권도의 생명

모든 나라의 교육이 그렇겠지만 특히 우리나라 교육은 참으로 복잡합니다. 복잡한 만큼 문제가 얽혀 있습니다. 태권도인들은 물론 우리 부모들에게서 아이들 교육 문제만큼 큰 고민거리도 없을 것입니다. 아이의 지적 발달은 물론 도덕적 · 정서적 발달에 이르기까지 모든 것이 관심거리입니다.

공부는 잘하는지? 아이들과 잘 어울리는지? 왕따를 당하지는 않는지? 컴퓨터에 중독되지는 않았는지? 학교가 아이들의 안전을 보장할 수 있는지? 등 아이의 모든 문제가 우리 부모들 삶의 내용이 되어버렸습니다.

우리 교육에서 조선 말 개화기 이후, 서구 근대교육이 들어온 지 한 세기가 지났습니다. 해방 이후 미국 중심의 교육이 정착한 지도 반세기가 지났습니다. 이는 무엇을 의미할까요? 우리 교육은 우리 것, 전통교육이 지속되었다기보다는 서구를 중심으로 하는 '외래 교육' 이 우리 것을 점령하는 형태로 교육의 큰 틀을 구성하고 있다는 뜻입니다.

무예나 체육도 마찬가지입니다. 태권도보다 서구에서 들어온 스포츠 경기가 주류가 되고 있습니다. 축구, 야구, 농구 등 구기 종목이 인기를 독차지하고, 프로 선수들의 몸값은 천정부지로 치솟습니다.

이런 상황에서 우리 고유의 무예나 전통교육을 찾자는 시도는 자칫하면 복고주의復古主義로 빠질 수도 있습니다. 또한 현실 교육과 모순될 소지가 다분합니다. 엄밀히 말하면, 형식상 우리 고유의 교육 양식, 전통교육의 맥이 희미해진 지 오래되었습니다.

예컨대 조선시대 관학이었던 성균관 교육은 1911년 일제의 제1차 조선교육령 때 폐지되었습니다. 조선은 유학을 국가 이데올로기로 삼았던 우리 선조의 나라입니다. 그런데 교육의 상징인 최고 교육기관이 일제에 의해 강제 폐지당함으로써 우리 교육의 맥은 공식적으로 해체되었습니다. 성균관과 함께 했던 향교나 서원, 서당 같은 교육 기관도 외래 교육의 영향을 받은 근대식 학교에 밀려 쇠퇴했습니다. 그것은 지금 문화유산이나 유물로 남아 가끔씩 여행지의 볼거리로 전락했습니다.

잘 알다시피 태권도라는 공식 명칭이 등장하기 이전, 일제 강점기에는 '가라데' 가 유입되면서 우리의 전통 무예를 말살했습니다. 일본인들은 '택견' 을 하는 사람을 보면 관가로 끌고가서 구타를 하거나 심한 경우에는 죽였다고 합니다. 이외에도 검도나 유도, 합기도 등 일본식 무술을 장려하여 우리의 전통 무예를 말살하고 일본의 무사도를 주입시켰습니다. 정말 비통한 역사입니다.

겨루기의 한 장면

전통의 생명력

그런데 참 희한한 일은 우리가 '신토불이'를 외치며 우리 먹거리를 찾듯이, 우리 교육이 서구 교육의 이론을 받아들여 실천하고 있는 가운데도, 우리 나름의 색조를 지닌 교육적 특색을 지니고 있다는 점입니다. 즉 서구 교육이 이미 우리 교육의 주류가 되었으나, 그 속에 스며들어 있는 맛은 서구 교육이 지닌 것과는 다른, 전통교육의 메아리가 간간히 울리고 있다는 점입니다.

태권도가 좋은 예입니다. 일제 강점기에는 그렇게도 일본식 무술이 활개를 쳤어도 해방 이후에 우리 태권도는 새로운 생명력을 꽃피우기 시작합니다. 그 힘이 바로 우리 내면에 간직되어 있던 우리의 전통 정신입니다. 예를 들면, 음식을 만들 때 다양한 재료들은 서구의 교육에 해당한다고 볼 수 있습니다. 맛을 내는 양념이나 어머니의 정성은 우리 전통교육에 비견할 수 있습니다. 우리 무예 정신이 태권도로 살아올 수 있었던 것은 바로 우리만의 맛을 낼 수 있는 양념 같은 정신, 정성 어린 정신이 남아 있었기 때문입니다.

이 지점에서 우리 교육, 전통교육의 가능성과 의미를 감지할 수 있습니다. 지금 태권도는 우리 것의 의식이 살아 있는가요? 요리에서 양념과 어머니 손맛의 역할을 할 수 있을까요? 우리의 전통 정신, 태권도 교육 정신이 현재 우리 교육에서 적절한 대안을 제시할 수 있을까요?

우리는 '우리 것'이 지닌 교육 정신에 적극적으로 관심을 가질 필요가 있습니다. 최근 태권도 교육에서도 『사자소학四

字小學』이나 『천자문千字文』, 『동몽선습童蒙先習』 등 전통 아동 교육 교재를 활용하는 다양한 방식이 여기저기 보입니다. 태권도 인성 달력도 만들고 품새와 자세 훈련에서 응용하기도 합니다. 뿐만 아니라 전통적 인간미와 삶을 담은 동화를 출판하여 전통교육을 새롭게 이해하려는 시도가 활발하게 이루어지고 있습니다. 이런 전통교육의 새로운 시도는 현재 우리의 교육적 사고에 좋은 영양분을 줄 수 있습니다. 전통교육의 정신을 통해 우리는 과거에 행해진 좋은 모습의 교육을 돌아보면서 현대에 이을 만한 것을 찾을 수도 있습니다. 지금까지도 여전히 이어져오고 있지만 우리가 소홀히 하여 적극적으로 살려내지 못한 전통교육을 발견할 수도 있을 것입니다. 중요한 문제는 그러한 전통교육 정신을 통해 우리 교육을 활성화해야 하는 것입니다. 나아가 세계적 경쟁력을 가질 수 있게 지금 우리에게 맞는 교육을 고민하는 일입니다. 요컨대 전통 정신의 핵심으로서 태권도의 부활과 세계화 · 보편화같은 것입니다.

2. 우리 것, 그 얼과 정신이 깃든 교육이 여기 있습니다

우리 것의 오묘함

우리는 대한민국 사람입니다. 2002년 한일 월드컵으로 축구 응원의 대명사처럼 되어버린, '대한민국!' 의 우렁찬 함성 속의 바로 그 대한민국 사람입니다. 비록 축구 경기장에서 벌어진 일이지만, '대한민국!' 이라는 응원의 열기에서 우리 한민족의 의식을 충분히 엿볼 수 있습니다. 정말 세계가 놀랐던 응원이었으니까요. 그렇다면 과연 무엇이 한국적인 것일까요?

따사로운 정情, 아리랑으로 대표되는 가락, 살아가는 힘의 바탕인 쌀밥, 슬기로 만든 영양 식품인 김치, 혈연 공동체, 신바람 등등 사실 우리 것은 나열할 수 없을 정도로 많습니다.

우리 것, 전통 정신은 우리가 한국 사람이듯이 '한국적' 이라는 '전통' 교육의 생각들을 더듬어 봄으로써 이해할 수 있습니다. 특히 전통은 과거의 이해, 앞에서 말한 온고이지신의 '온고' 에서 구하는 것이 좋습니다. '우리 것', '한국적인 냄새' 는 한반도를 중심으로 살아온 우리 민족의 가치 체계입니다. 우리는 그런 가치 체계를 중심으로 '지금 여기' 에 살고 있습니다. 삼천리금수강산三千里錦繡江山이라고 부르는 국토에 말이지요. 우리 국토는 사계절의 변화가 뚜렷합니다. 게다가 그 어떤 나라보다도 살기 좋은 자연환경을 지녔습니다. 정말 선택받은 나라입니다.

그렇다면 '한국적 전통'의 핵심은 무엇일까요? 전통교육은 어떻게 진행되어 왔을까요? 한국 사람이면서도 이에 대한 대답을 하려면 머뭇거려집니다. 마치 '당신은 누구입니까?' '나는 도대체 어떤 존재인가요?' 라는 물음처럼 형이상학적이기도 하고, 너무나 익숙하고 무의식으로 몸에 배어 있기 때문에 말로 형용하기 어렵기도 합니다. 태권도인에게는 태권도는 어떤 정신으로 어떻게 생명력을 이어왔는가라는 문제제기와도 통합니다.

우리의 먼 조상들은 그것을 '알다가도 모를 일' 이라고도 했고, '너무나 오묘하고 불가사의하여 한 마디로 정의하기 힘든 어떤 것' 이라도 했습니다. 이른 바 '현묘지도玄妙之道' 라는 말로 표현했습니다.

홍익인간의 이념

아무리 오묘하다고 하더라도 우리의 정신을 상징적으로 보여주는 그 무엇은 있지 않았을까요? 그 이념은 어떤 모습이었을까요?

우리는 '홍익인간弘益人間' 이라는 말을 잘 알고 있습니다. 홍익인간은 우리 민족의 건국신화로 알려진 단군신화에 나오는 말입니다.

널리 인간을 이롭게 한다!

홍익인간은 우리의 건국이념인 동시에 인류의 보편적 이상과 가치를 담고 있습니다. 그것이 그대로 우리나라 대한민국의 교육이념이 되었습니다. 홍익인간은 해방 후 미군정기에 부각된 이후, 대한민국 건립 후 지금까지 우리의 교육 정신을 상징적으로 보여주고 있습니다.

'널리 인간을 이롭게 한다' 의 보편적 의미는 무엇일까요? 그것은 크게 '인간' 과 '이롭게 한다' 는 차원에서 생각할 수 있습니다. 즉 인간의 존엄성과 행복을 가장 중요한 가치로 여기는 인본주의와 사회 구성원들에게 이로움을 줄 수 있는, 타인을 사랑하고 공동체에 봉사하는 이타주의적인 삶을 유추할 수 있습니다. 인본주의는 사람을 근본으로 여기는 사고입니다. 예컨대 인간을 객체화하고 규격화하고 획일화하는 비인간화는 홍익인간과 반대되는 생각입니다. 세상의 모든 인간들에게 널리 베푼다는 의미에서 홍익인간은 인간의 복지와 연결됩니다. 도덕적 완성이나 종교적 구원 같은 정신적 영역은 물론 의식주나 질병처럼 인간의 삶을 제약하는 물질적 조건들의 해방과도 관련됩니다. 결국 어떻게 하면 인간이 행복하게 살 수 있는가의 문제로 귀결됩니다. 이것이 우리 교육의 이념이자 전통 정신의 바탕입니다.

또한 다른 사람을 생각하는 이타주의는 사회 구성원들에게 사랑을 베풀고 자비를 실천하는 삶을 지향합니다. 내 가족과 이웃에서 민족과 국가, 나아가서는 인류 전체를 사랑의 대상으로 보고, 그들을 포용하고 개방적으로 대하는 태도로 이어집니다. 즉 이기주의를 거부하고 타인의 입장을 먼저 생각하는 배려 정신입니다.

이러한 홍익인간을 한 마디로 말하면, 인간의 복지를 위하여 봉사하는 교육적 아이디어입니다. 그것이 건국정신이자 우리의 전통교육관을 형성해 왔습니다.

대한민국에서 교육에 종사하고 있는 한, 태권도 교육을 비롯한 어떤 교육에서도 제일 앞에 내세워야할 정신세계가 바로 이 홍익인간입니다.

弘 益 人 間

풍류와 현묘

우리 교육이념인 홍익인간의 모습이 이러하다면, 우리 것, 전통교육의 원형적 모습은 어디에서 찾을 수 있을까요? 대부분의 한국 사상가들은 우리 사상의 고유성을 '풍류風流' 라는 정신에서 찾으려고 합니다. 풍류는 문자 그대로 보면 바람을 나타내는 말인 '풍風' 과 물 흐름에서 본뜬 말인 '류流' 가 합쳐진 개념입니다. 그렇다고 단순하게 바람과 물의 흐름을 의미하는 것은 아닙니다.

흔히, '그 사람은 풍류를 아는 사람이야' 라고 했을 때, 어떤 모습이 떠오릅니까? 방랑시인 김삿갓처럼 멋있고 예술을 알고 여유 있으며 무언가 재미있게 즐길 줄 아는 인간이 연상될 것입니다. 반면 '그 사람 풍류를 모르는 사람이야' 라고 했을 때, 멋도 없고 여유도 없을 뿐만 아니라 옹졸하고 감정이 메마른, 앞뒤가 꽉 막힌 꽁생원쯤으로 생각하기 쉽습니다. 이런 점에서 풍류는 멋있고, 삶을 즐길 줄 알고, 예술에 대한 조예가 깊으며, 여유 있고, 자유분방한 삶 등 다양한 의미를 내포하고 있습니다. 우리 태권도는 자주 시범을 보입니다. 품새에서 겨루기, 격파에 이르기까지 다양한 내용을 보여줍니다. 태권도 시범단이 절도 있는 자세로 시범을 보일 때 정말 멋있지요? 이들이야 말로 진정한 풍류객입니다.

풍류에 관한 역사적 기록은 김부식이 지은 『삼국사기』에 구체적으로 보입니다. 신라 진흥왕 때 화랑제도를 설치한 기록이 나오는데, 그와 관련한 이야기 가운데 최치원이 지은 「난랑비서」에 등장하는 말입니다. 널리 알려져 있듯이 최치원은 신라를 대표하는 학자이자 지식인이었습니다. 특히 12세에 당나라에 유학하여 과거에 합격하고 「토황소격討黃巢檄」을 지어 국제적 명성을 날린 것으로 유명합니다. 그런 최치원이 쓴 풍류의 내용은 다음과 같습니다.

나라에 현묘한 도가 있는데, 이를 풍류라고 한다. 이 가르침을 베푼 근원에 대해서는 『선사』라는 책에 상세히 실려 있다. 풍류는 실제로 세 가지 가르침을 포함하고 있는 것으로, 이 세상의 모든 생명과 접촉하여 이들을 감화시킨다.

풍류는 당시 신라에서 성행했던 현묘한 삶의 지침이자 내용이었습니다. 그것은 중국을 비롯한 외부로부터 유입된 사상인 유학儒, 불교佛, 도교仙 이 세 가지의 가르침을 포함하고 있었습니다. 이런 점에서 우리 것의 원형으로 상징되는 풍류는 원래 우리에게 있던 고유한 전통 사상을 대륙으로부터 들어온 세 가지의 가르침에 빗대어 설명한 것으로 볼 수 있습니다. 이 정도라면, 우리의 전통 사상의 원형에 얼마나 풍부한 정신세계가 담겨 있는지 알 수 있을 것입니다. 하나가 아니라 세 가지나 되는 가르침을 동시에 녹여 담고 있다는 것 자체가 우리 것이 얼마나 포용성이 있고 원만한지를 보여줍니다. 태권도의 지르기나 발차기 등 다양한 품새와 자세가 복잡한 양상을 하나의 통일적인 자세로 그려내는 것도 이와 동일한 이치입니다.

우리 전통 정신을 대표하는 풍류나 현묘지도는 말 자체를 보면 무슨 소리인지 도저히 알 수 없습니다. 구체적인 의미를 파악하기 어렵습니다. 태권도의 복잡하면서도 통일성 있고 유기적인 동작을 한 마디로 설명해낼 수 없듯이 말이지요.

풍류, 현묘지도를 쉽게 설명해 볼 것이니, 태권도의 복잡 미묘함과 비유해 보세요.

현묘玄妙에서 현은 『천자문』의 하늘 천, 따 지, 가믈 현, 누루 황으로 읽는 데서 알 수 있듯이 '가믈거리다' 란 뜻입니다. '가믈거리다' 란 어떤 의미일까요?

봄날에 피어나는 아지랑이를 생각해 보세요. 조금 떨어져서 보면 가믈가믈 거리며 위로 올라갑니다. 그런데 가까이 가면 다시 저만큼 물러나 있습니다. 눈에는 보이지만 손에는 잡히지 않습니다. 하지만 분명히 존재합니다. 또 늘 움직이며 출렁이는 바다를 보세요. 멀리서 보면 파란색으로 느껴집니다. 하지만 가까이 다가가 바닷물을 손으로 퍼 보세요. 투명한 무색입니다. 이런 상황을 어떻게 설명할 수 있을까요? 파란색인

줄 알았는데, 무색이라니. 바닷물 자체는 언제나 그대로일 뿐입니다. 또한 우리는 어릴 때 무지개를 잡으러 산 넘어 저 먼 곳까지 마구 뛰어간 경험이 있을 것입니다. 결국 무지개는 잡지 못했습니다. 무지개는 여전히 저기 산에 걸쳐져 있었지요.

이러한 모습이 현玄입니다. 즉 알 수 없는 영역이지만 구체성을 띠고 나타나는 신비와 오묘함, 그 자체입니다. 이러한 현의 지속 상황을 인간은 오감으로 파악할 수 없습니다. 왜냐하면 구체적으로 규정할 수 없는 세계이기 때문입니다. 그것이 묘妙의 상태이지요. 달리 표현하면 불가사의입니다. 묘한 세계는 보이는 세계와 보이지 않는 세계가 동시에 작용합니다.

예컨대 하얀 종이에 도장을 찍어봅시다. 양각과 음각, 오목과 볼록으로 이루어진 도장에서 어느 것이 보이는 세계이고 어느 것이 보이지 않는 세계인가요? 도장은 음각과 양각이 동시에 존재해야만이 생명력을 지닙니다. 만약 우리가 양각과 음각 중 어느 하나만을 생각한다면 도장은 성립할 수 없고 묘의 세계를 이해할 수 없습니다.

하나만 언급하지요. 잘 알다시피, 태권도에서 지르기를 한다고 합시다. 한번 지르고 그 상태로 계속 가만히 있으면 됩니까? 가만히 있으면 강시처럼 굳어 활동할 수 없는 몸이 됩니다. 팔의 관절이 앞뒤로 끊임없이 왔다 갔다 해야 만이 생명력이 있게 되지요. 마치 도장의 음각과 양각이 동시에 각인 되어 있듯이 말이지요. 그런 동시성을 보여주는 것들은 일상생활에서 많이 볼 수 있습니다. 문을 '미닫이' 나 '여닫이' 라고 할 때, 밀고 닫고 열고 닫는 일이 동시에 있는 것입니다. 참 오묘하지요.

화랑정신과 태권도

이러한 풍류를 몸으로 체득한 사람들이 신라 통일의 원동력이 되었다는 화랑花郎이었습니다. 지금은 '화랑' 이라는 말이 학교의 명칭 가운데 남아 있는 경우가 종종 있습니다. 화랑초등학교, 화랑중학교, 화랑고등학교 등등. 그렇다고 그런 학교가 예전에 화랑들의 교육을 그대로 실천하는 곳은 아닙니다. 시대와 상황이 너무나 바뀌었습니다. 그렇다 하더라도 그 정신을 이으려는 자세는 남아 있을 것입니다. 특히 우리나라의 경우, 문무 정신을 동시에 길러내려는 최고의 고등교육기관이 육군사관학교입니다. 그 학교의 상징이 바로 '화랑' 입니다. 현대적 화랑을 양성하려는 목적이 있겠지요.

도대체 화랑들은 어떤 교육을 받으면서 우리 교육의 원형을 만들어 갔을까요? 그것은 세 가지로 요약할 수 있습니다.

첫째, 도의道義로써 서로 몸을 닦고, 둘째, 노래와 춤으로써 서로 즐기며, 셋째, 명산대천을 찾아다니며 노니는 일입니다. 도의로써 몸을 닦는 일은 모든 생명을 교화하기 위한 일이고, 노래와 춤으로써 서로 즐기는 일은 풍류를 터득하는 길이요, 명산대천을 찾아 대자연 속에서 노니는 일은 그곳에 깃들어 있는 신령과 교제하기 위함이었습니다.

교육은 일반적으로 사람다운 사람, '인간됨' 을 추구합니다. 태권도 교육도 마찬가지입니다. 사람은 그냥 동물의 속성 그대로 숨쉬고 본능에 따라 살려고 하지는 않습니다. 지적이고 도덕적이며 예의를 갖추어 다른 사람과 더불어 살 수 있는 건전한 인간이 되려고 노력합니다.

도의로써 서로 북돋아 주어 인간됨으로 이끌어 주는 행위! 우리의 전통교육은 여기에서 시작됩니다. 도의에서 도道는 인간의 길입니다. 의義는 올바름을 의미합니다. 즉 도의는 올바른 인간의 길을 갈 수 있도록 서로가 서로를 격려하는 수련의 과정입니다. 이것은 크게 보면 교육의 근본 목적인 전인교육全人教育에 해당하고, 좁게는 도덕교육에 해당합니다. 이처럼 화랑들이 지녔던 우리 전통교육의 첫 번째 사명은 인간의 올바른 길을 서로에게 권하는 일이었습니다. 어떤 사람들은 이 화랑도의 수련을 태권도의 원형으로 이해하기도 합니다만, 그것은 확인하기 힘든 일입니다. 중요한 것은 그런 무예의 정신이 우리의 국기인 태권도 정신으로 녹아 있을 것이라는 가치 부여입니다.

다음으로 노래와 춤을 통해 즐기는 멋진 삶을 추구하였습니다. 이때 노래와 춤은 단순하게 오늘날 우리가 노래방에서 노래하고 디스코텍이나 나이트클럽에서 춤추며 스트레스를 해소하는 음주가무와는 엄연히 다릅니다. 노래와 춤은 인간의 감정과 정서를 순화하고 조화롭게 하는 중요한 역할을 합니다. 따라서 기쁠 때는 웃음 가득하게 샘솟는 감정으로 춤추며 노래하고, 슬플 때는 차분히 가라앉은 마음으로 내면을 다스리는 노래를 읊조립니다. 다시 말하면 노래와 춤은 인간의 감정과 정서를 달래는 최고의 교육법입니다. 태권도의 다양한 동작에 그런 율동과 리듬감이 담겨 있습니다.

마지막으로 우리 전통교육의 가치는 자연과 하나 되는 삶의 실천에 있습니다. 명산대천을 돌아다니며 수련하고 교육한다는 것은 단순하게 공기 좋은 곳을 찾아다니며 유람하고 체력을 단련하는 상황을 초월합니다. 신령이 깃든 명산과 강의 정기를 통해 자연과 인간이 하나 되는 유기체적 세계를 발견하는 일입니다. 지금 우리가 등산을 하거나 큰 강가에서 수련회나 캠핑을 한다고 가정해 봅시다. 단순하게 산을 구경하고 강가에서 보트를 타는 재미 때문에 행사를 할까요?

또한 학생들이 뜨거운 여름날 온갖 고통을 참아가며 국토순례를 한다고 생각해 봅시다. 젊은이들이 단순히 국토를 한 바퀴 돌았다는 데 의의를 두고 말던가요? 그렇지 않습니다. 그들은 그런 과정을 통해 산천과 국토의 소중함을 느끼며 자기도 생각하지 못할 정도로 불쑥 자라버린 자신을 체험합니다. 우리의 전통교육은 바로 자연과 하나 되는 숭고한 생태주의 교육관과 애국심을 길러주는 국토 사랑의 정신을 담고 있습니다.

이렇게 볼 때, 고대 우리의 전통교육은 본질적으로 인성교육, 도덕교육, 정서교육과 생태교육까지 포괄하는 전인교육을 지향하고 있습니다. 서로를 격려하고 사랑하는 가운데 신바람 나는 멋진 삶을 꿈꾸었던 것이지요.

이런 교육적 전통으로 말미암아 요즘도 신바람나는 행동을 자주 경험합니다. 답답하던 일이 잘 풀렸을 때, 아슬아슬하던 경기에서 승리를 거두었을 때 가슴이 설레고 기분이 최고조에 달하며 마음이 뜨겁게 달아오릅니다. 우리는 자신도 모르게 손뼉을 치고 둥실둥실 어깨를 흔들며 춤을 춥니다. 소리를 내며 흥얼거립니다. 정말 신이 납니다. 신바람이 납니다. 이럴 때는 모든 일이 다 잘 풀려 나갑니다. 답답한 사무실에서 결재

서류 한 장에도 신명이 나고, 무슨 일을 해도 콧노래를 부르며 신이 납니다. 이처럼 전통교육에 담긴 풍류 정신은 도의와 노래, 춤, 산천에서 노니는 방식으로 우리 민족의 신바람을 담고 있습니다. 그것이 태권도라는 국기 정신으로 녹아들었다고 보아야 합니다.

겨루기 직전의 태권도 꿈나무들

인성교육의 가능성

그렇다면 신바람나는 우리의 전통교육에 어떤 교육적 사고가 녹아 있을까요? 먼저 서로 도의로써 몸을 닦는다는 측면에서 본다면, 인간성을 격려하는 인성교육의 뿌리를 확인할 수 있습니다.

현재 우리 사회에는 도덕적 해이와 인간의 생명을 가볍게 여기는 풍조가 여기저기서 나타나고 있습니다. 예전에는 상상도 못했던 일들이 벌어집니다. 교육 현장만 보더라도, 학생이 교사를 폭행하는 사건이 벌어지고, 학생 사이에 폭력이 난무하기도 하며, 집단 따돌림 같은 일이 수시로 발생합니다. 가정에서는 심지어 자식이 부모를 살해하고 부모가 자식을 학대하는 일까지 벌어지고 있습니다. 짐승도 저지르지 않는 일을 인간이 저지르고 있어요. 인간이 짐승 이하로 전락했다고 해도 과언이 아닙니다. 몇 가지 극단적인 사례만 보아도 현재 우리 사회의 가치관이 무언가 잘못되어 가고 있음이 분명합니다. 다시 말하면, 인간으로서의 역할과 기능을 포기한 비인간적 사태를 연출하고 있는 것입니다.

교육이 무엇이던가요? 이런 사태가 생기지 않도록 미연에 방지하고 조치를 취하는 것이 아니었던가요? 이렇다보니, '인간을 기른다' 는 이름 하에 이루어지는 교육의 문제가 새삼 부각되는 것 같습니다. 특히 교육의 핵심을 담당하고 있는 학교는 도대체 뭘 하고 있는지? 인간을 제대로 길러내고 있는지? 어떻게 교육했기에 이 지경에 이르렀는지? 이런저런 개탄의 목소리가 높아지게 되었습니다. 이제 학교는 불신을 받고 교사는 무시당하고 교육이 삐걱거리고 있습니다.

인성교육은 이와 같은 교육 상황에서 제기되었다고 생각됩니다. 학교가 착한 인간성을 지닌 인간을 양성하지 못했기 때문에 흉악한 사건이 일어나고 비인간적인 상황이 조성되는 것이 아닌가라는 의구심에서 강조되기 시작한 것이지요. 물론 학교 당국과 대부분의 선생님들은 아이들이 올바르게 자랄 수 있도록 최선을 다해 교육에 임하고 있을 것입니다.

그래도 우리 부모들은 걱정이 태산입니다. 하루 종일 컴퓨터에만 매달려 있는 아이, 혹은 PC방에서 사는 아이를 보면서 인간성이 비뚤어지면 어떡하나, 혹시 버릇없는 아이가 되면 어쩌나, 하면서 여기저기서 인성교육의 필요성에 대해 목소리를 높입니다.

인성교육과 태권도

그런데 인성교육이란 무엇일까요? 막연하게 예의 바른 아이만을 기르는 교육일까요? 어떤 사람은 인성교육을 한답시고, 윤리 도덕적 내용을 담고 있는 한자교육을 인성교육의 전부로 생각하는 경우도 있습니다. 인성교육은 강조점이나 관점에 따라 다양하게 정의됩니다.

동양, 특히 유학에서 인성은 인간의 본성이나 품성을 가리키는 말입니다. 그러므로 인성교육은 '바람직한 인간의 본성이나 품성을 기르는 교육' 으로 이해할 수 있습니다. 유학은 전통적으로 '인간의 본성은 착하다' 는 유명한 맹자의 성선설

性善說에 근본하여 착한 사람을 기르는 것이 교육의 핵심이었습니다.

반면 서양에서의 이해는 사뭇 다릅니다. 영어의 퍼스널리티personality의 번역 술어를 인성으로 볼 경우에, 인성은 동양처럼 '선하냐 악하냐' 라는 가치판단의 대상이 아닙니다. 있는 그대로의 인간, 그 자체를 가리키는 말로 이해됩니다. 이렇게 이해했을 때, 인성교육은 스트레스나 불안 등 심리적 부적응과 자아 정체성의 혼미를 극복하고 건전한 생활을 이끌어 주는 교육이라는 의미입니다.

또 어떤 측면에서 인성은 일상생활에서 '좋은 인간성' 이라는 의미로 이해되기도 합니다. 예컨대 '그 사람 인간성 좋아' 라고 할 때, 인간성이 바로 인성입니다. 이런 경우, 인성교육은 사회나 공동체 생활에서 요구되는 자질이나 행위규범을 가르치는 교육으로 생각되기도 합니다.

어떻게 이해를 하건, 인성교육은 '인간다운 인간을 길러야 한다' 는데 중점을 둡니다. 다시 말하면, 인간의 가치를 깨우쳐 주고, 비인간화 현상을 극복하려는 노력입니다.

이러한 인성교육은 인간을 중시하고, 개성을 존중하며, 긍정적인 사고를 고취하는 방식으로 진행되어야 합니다. 단편적인 지식 습득에만 몰두하는 편협한 인간을 지향해서는 안 됩니다. 덕성을 바탕으로 풍부한 교양과 능력을 갖춘 인간 함양이 되어야 합니다. 즉 인간을 존중하고 사랑하는 사람, 공동체 의식을 갖춘 도덕적인 사람, 문화와 예술을 향유할 수 있는 격조 높은 인간, 건전한 육체로 자신을 유지하는 사람을 길러야 합니다. 이런 교육에 가장 적합한 양식이 무엇일까요? 국어 영어 수학 잘 가르쳐주는 학원일까요? 열심히 운동만 할 수 있도록 장소를 제공하는 체육관일까요? 그 어떤 교육보다도 신체적 · 정서적 · 지적 태도를 함양할 수 있는 태권도 교육 아니겠습니까?

인성의 함양은 달리 표현하면, 누구나 지니고 있는 인간의 마음씨를 올바르게 계발하는 일입니다. 마음씨는 마음을 쓰는 태도입니다. 마음을 쓰는 태도는 다양하게 설명할 수 있겠지만, 도덕적인 사람이 되어 윤리적 행위를 할 때 마음씨 고운 사람으로 불립니다. 마음씨 고운 사람은 도덕적 판단력이 올바르게 서 있습니다. 동정심이 있고, 남을 이해하고 배려하며, 잘 도와주고 너그럽습니다.

앞에서 우리 전통교육의 원형인 화랑들의 교육은 서로 도의로써 닦아 준다고 했지요. 서로 격려하고 닦아 주는 것은 남을 사랑하는 마음씨를 바탕으로 합니다. 나 자신은 물론이고 나와 관계하는 모든 대상들, 친구, 동료, 이웃, 회사, 국가를 사랑하는 가운데 도덕적 심성은 더욱 잘 길러집니다.

정서교육

한걸음 더 나아가 우리의 전통교육은 음악과 춤으로 정서의 조화를 꾀하였습니다. 정서는 어떤 면에서 보면 기분과도 통합니다. 우리의 삶은 기분에 살고 기분에 죽는 경우가 있습니다.

“오늘 기분이 좋아! 내가 한턱 쏜다”

"오늘 기분도 그런데 술이나 한잔하자"

이런 말들은 일상적 대화입니다. 그것은 인간의 삶이 기분, 즉 감정과 정서에 따라 좌우됨을 보여 줍니다. 심하게 말하면, 인생은 기분에 따라 사는 것이라고 할 수도 있지요. 그렇다고 사람이 자기 기분대로만 살아서야 되겠습니까? 이런 측면에서 인간의 감정과 정서를 조절하는 작업이 매우 중요합니다. 때로는 분출하고 때로는 억제하며 자기 삶을 조절해야 하는 것입니다. 정서교육은 바로 그런 삶의 바탕을 이룹니다.

정서는 기쁨과 성냄, 슬픔과 즐거움 등 사람의 상황에 따라 표출되는 신체적 · 심리적 상황입니다. 정서가 표출되어 인간의 정감으로 드러나지만, 그것이 감정으로 드러나기 이전의 마음, 내면의 세계는 쉽게 알 수 없습니다. 즉 심층의 세계는 매우 신비로운 경지로 남아 있는 것이지요. 쉽게 알기도 어렵고 관찰하기도 어려우며, 수시로 변하기 때문에 매우 당혹스럽습니다. 그러기에 우리 속담에 '열 길 물속은 알아도 한 길 사람 속은 모른다' 라고도 하였습니다. 그렇습니다. 인간의 감정이 순간에 바뀔 수 있는데 어찌 알 수 있겠습니까!

분명한 것은 인간에게 기쁨과 희망과 애정이 있고, 슬픔과 절망과 분노, 질투, 공포, 혐오감 등 인간에게 일어날 수 있는 모든 감정의 덩어리가 내면에 동시에 잠재되어 있다는 점입니다. 이것은 감정의 기복에 따라 구체적으로 표출됩니다. 어떤 때는 깔깔대며 웃기도 하고 감격에 벅차 날뛰기도 하며, 멀쩡하던 사람이 세상의 모든 고통을 혼자 간직한 것처럼 비탄에 빠져 자살을 하기도 합니다. 때로는 복수심에 가득 차서 살인을 저지르기도 합니다.

이런 감정과 정서를 나름대로 조절해 주는 방법이 음악이나 춤 같은 화합의 도구입니다. 역동적으로 움직이기도 하고, 고요하게 정지하기도 하며, 높고 낮음의 리듬과 하모니, 멜로디를 통해 나오는 감미로운 선율 등의 음악과 춤은 조화와 화해의 무드를 조성해 줍니다. 그래서 사람들은 음악의 바탕인 시를 읊조리고, 그림을 그리며, 춤을 추고 나름대로의 예술세계를 추구합니다. 이는 미적 심성, 즉 심미감을 길러 주는 것과도 관련됩니다.

태권도 꿈나무의 시범

생태적 사고

어디 그뿐인가요! 우리 전통교육의 세 번째 내용은 자연에서 노니는 건강한 인간의 모습을 보여 줍니다. 자연과 어우러져 전 우주가 유기체처럼 움직입니다. 그것은 현대교육에서 생태학적 사고와 연관됩니다.

서양은 중세 말부터 인간 중심주의, 즉 이성과 과학에 토대를 둔 근대 사상을 펼쳐냈습니다. 그것은 인간의 자기 본위, 경쟁, 소유 같은 자본주의 사회의 지배적인 가치를 형성하였습니다. 따라서, 서양인들은 자연을 정복 대상으로 보며 히말라야 산을 정복하였다든가 에베레스트 무슨 봉우리에 도전한다는 말을 합니다. 그것은 '자연은 나와 한 몸' 이라는 생각보다는 나와 동떨어진 객관적인 대상으로 보기 때문에 나오는 말입니다. 인간이 어떻게 산을 정복합니까? 산에 오를 뿐입니다. 그러니까 오를 '등', 뫼 '산' 자를 써서 등산登山이라고 하지요.

자연을 정복한다거나 도전한다는 생각은 현대 사회의 근본 문제 중의 하나인 자연과 환경 파괴를 가져왔습니다. 우리는 과학의 혜택을 엄청나게 입고 있습니다. 오늘날 우리가 누리는 모든 물질문명은 사실 과학의 힘입니다. 자동차가 그렇고, 컴퓨터가 그렇고, 모든 전기 · 전자 제품의 성과가 그러합니다. 우주첨단과학이나 유전자조작, 줄기세포연구 등도 마찬가지입니다. 이런 근대 과학이 인간에게 편리함은 준 것은 사실입니다. 그러나 그 대가는 너무나 큽니다. 인간이 자기 스스로를 죽여가고 있습니다. 자동차의 매연으로 인한 오염, 컴퓨터 · 인터넷의 발달에 따른 정보 윤리의 문제, 핵무기 제조로 인한 인류평화의 위협 등 화려한 발달의 이면에는 어두운 그림자가 드리우고 있습니다. 우리 모두는 지금 이런 위기감을 느끼고 있어요. 그러기에 환경운동, 생태보호운동을 줄기차게 전개합니다.

생태주의는 이러한 사조에 경종을 울리며 등장한 서구 내의 사상적 반성입니다. 따라서 인간과 자연의 역동적인 상호작용의 장을 중시합니다. 그리고 상호작용 과정에서 생명체 사이의 생존 방식을 규명하고 이것이 인간에게 주는 시사점이 무엇인가를 철학적으로 사유합니다. 그리하여 생태주의는 지구촌의 모든 생명들을 전체의 네트워크 안으로 통합합니다. 이는 바로 서로를 살리는 상생相生의 관계를 회복하고 생명을 존중하는 문명 창조에 이바지합니다. 이른바 인간과 자연 사이의 윈-윈win-win 게임으로 볼 수 있어요.

우리의 전통교육관은 자연 속으로 들어가 즐거이 노니는 데서 이미 생태학적 사유를 잉태하고 있습니다. 물길 따라 떠가는 배처럼, 도를 따라 사물 현상과 상황의 율동에 따라 부드럽게 흘러가면서 자연 · 우주와의 조화를 모색합니다. 이는 자연과의 화해적 태도이자 우리 민족이 추구했던 최고의 가치였습니다. 산수와 더불어 호흡했던 화랑들의 평화롭고 자유로운 내면적 체험의 세계였습니다.

이러한 세 가지 전통교육의 성격을 어떤 학자는 고유한 우리말로 '한', '멋', '삶' 이라고 표현하였습니다. '한' 에는 '하나, 크다, 바르다, 높다, 하늘' 등의 뜻이 들어 있어요. '멋' 에는 '흥과 율동, 조화와 자연스러움, 자유와 내실' 등의 뜻이 담겨 있습니다. '삶' 에는 '생명' 이라는 생물학적 개념과 '살림살이' 라는 사회적 개념이 동시에 포함되어 있는 것이지요. 그래서 우리가 추구하였던 삶의 이념, 전통교육의 성격은 풍류와 통하는 '하나의 멋진 삶' 이라고 할 수 있습니다.

우리 전통 사상의 원류라고 볼 수 있는 풍류는 시대를 거치면서 끊임없이 자기 갱신을 해 왔습니다. 그 시대에 맞는 풍류의 내용을 만들고 역사를 관통하여 흐르고 있습니다. 최치원이 말하였듯이, 외래문화를 수용하여 기존의 문화를 충실히 하는 한국화의 과정을 거쳐 우리 것을 만들어 왔습니다. 그러므로 풍류는 우리다운 의식이나 조화의 방법을 바탕에 깔고 전개되기 때문에 우리 문화 일반에도 멋진 특징을 가지고 나타납니다.

제6장 태권도 정신에 깃들여야 할 교육의 내용은 어떤 것이 있을까요

學問 日用動靜之間 隨事各得其當而已
학문 일용동정지간 수사각득기당이이

학문은 날마다 살아가는 삶 속에서
일에 따라 마땅한 것을 얻는 작업이다 『격몽요결 擊蒙要訣』

1. 우리 전통교육의 내용을 확인하세요

유교 문화와 교육 전통

신라의 풍류 사상 이후, 우리의 교육적 사고는 외래문화가 본격적으로 유입되면서 새롭게 전개되기 시작합니다. 불교와 유교가 우리의 의식에 자리 잡기 시작했지요. 특히 유교 문화는 적극적으로 교육을 장려하였습니다. 학교를 세우고 과거제도를 실시하여 인재를 등용하는 합리적 모습을 보였습니다. 반면에 유교는 가족주의나 숭문주의, 입신양명주의, 문벌주의 등의 이데올로기를 낳기도 했어요. 이런 측면 때문에 어떤 사람들은 아주 부정적으로 인식합니다.

한국적 사유에 가장 막강한 영향을 미친 것은 조선시대 유교 문화입니다. 유교 문화가 지니고 있는 교육적 특성이야말로 우리 문화의 핵심을 이룹니다. 그것은 인간의 내면과 외면의 조화, 개인과 사회의 관계를 통해 인간됨을 지향합니다.

우리는 흔히 '수신제가치국평천하修身齊家治國平天下' 라는 말을 많이 합니다. 이는 유교의 기본 경전인 『대학』의 주요 사상으로 '자기 몸을 수양하고 가정을 잘 다스리며 나라를 통치하고 세상을 평화롭게 만든다' 는 의미입니다. 달리 표현하면 '나의 몸을 수양하고 그것을 바탕으로 다른 사람을 다스린다' 는 수기치인修己治人, '내면적으로는 인간의 완성된 경지인 성인이 되고 그것을 바탕으로 외면적으로는 제왕으로서 국가를 다스린다' 는 내성외왕內聖外王, '자기를 인간답게 만들고 그것을 바탕으로 나 이외의 다른 사람도 인간답게 만든다' 는 성기성물成己成物, '나 자신에게 충실하고 그것을 바탕으로 다른 사람에게도 성실히 대한다' 는 충서지도忠恕之道 등으로 표현됩니다. 이것은 유교를 중심으로 교육에 임했던 우리 조상들의 주요한 교육적 지침이었습니다.

인간의 윤리 도덕

그런 교육에서 가장 중요한 내용이 인간의 윤리였습니다. 그 윤리는 다섯 가지이기 때문에 흔히 '오륜五倫' 이라고 합니다. 잘 알다시피 삼강오륜三綱五倫이라는 말이 있지요. 이를 많은 사람들은 가부장적이고 남성중심적인 봉건적 윤리라고 말합니다. 그런 측면이 없지 않아요. 지금까지 많은 여성들이 유교적 윤리의 틀에 억눌려왔던 것도 사실입니다.

지금은 민주주의 시대입니다. 자유와 평등이 기본 원리인 시대지요. 남성이 여성을 혹은 여성이 남성을, 누가 누구를 억압하는 시대가 아닙니다. 오륜도 이런 점에서 재해석하여 전통교육의 기본으로서 다시 돌아볼 필요가 있습니다.

오륜은 부자유친父子有親, 군신유의君臣有義, 부부유별夫婦有別, 장유유서長幼有序, 붕우유신朋友有信을 말합니다. 사람이 사는 세상은 동서고금을 막론하고 부모와 자식, 지도자와 구성원, 부부, 아이와 어른, 친구라는 사람의 관계로 이루어져 있습니다. 이는 모든 사람이 행하는 보편적인 인간관계의 모습을 보여줍니다. 처음부터 부모 없는 사람, 사회적 관계를 갖지 않는 사람은 이 세상에 아무도 없습니다. 누구나 인간관계를 맺게 마련이죠. 그러기에 오륜을 이 세상 누구에게나 두루 통하는 보편적인 도리라고 합니다.

첫째, 부자유친은 '부모와 자식 사이에는 친함이 있다' 라는 의미로 부모와 자식의 관계를 말합니다. 세상에 둘도 없는 가장 가까운 관계지요. 이것은 피로 맺어진 혈연관계입니다. 그러므로 혈연관계의 원칙에 의하여 부모인 윗사람이 자식인 아랫사람에게 권위를 행사할 수 있습니다. 부모가 자식들에게 행위의 준칙이 되고 자식은 그것을 따릅니다. 여기에는 부모가 자식을 사랑하고 자식은 부모에게 효도하는 상호 배려의 정신이 들어 있습니다.

둘째, 군신유의는 '임금과 신하 사이에는 의리가 있다' 라는 의미로 임금과 신하의 관계입니다. 오늘날 우리 사회는 민주주의 원리가 지배하므로 엄밀하게 따지면, 임금과 신하의 관계는 존재하지 않습니다. 비유하자면 대통령과 장관, 혹은 직장 상사와 부하 직원의 관계로 이해할 수는 있습니다. 즉 지시하는 사람과 지시받는 사람의 관계로 볼 수 있지요. 모든 인간은 지시하는 입장에서는 지시받는 사람의 입장을 이해하고 지시받는 사람은 지시하는 사람의 마음을 헤아려 의리 있게 일해야 합니다.

셋째, 부부유별은 '남편과 아내 사이에는 구별이 있다' 는 의미로 남편과 아내의 관계를 말합니다. 남편과 아내는 한 가정을 이루는 중심이자 근본으로 둘 사이는 수평적 관계입니다. 즉 혼인에 의한 부부간의 관계이지요. 이들 사이에는 역할과 기능의 차이가 있을 뿐 차별이나 우위는 없습니다. 그러므로 남편은 아내를 아내는 남편을 상호 존중해야 합니다.

넷째, 장유유서는 '어른과 아이는 차례가 있다' 는 의미로 어른과 아이 사이에 질서를 보여줍니다. 사회는 어른과 아이가 모여서 이루어지지요. 어른은 아이에게 관심을 갖고 보살피고 아이는 어른을 공경해야 합니다. 그러므로 상하 관계에서 서로에 대한 윤리 질서가 확립됩니다.

다섯째, 붕우유신은 '친구 사이에 믿음이 있다' 는 의미로 친구 사이의 관계를 말합니다. 친구는 수평 관계에 있는 인간관계로 믿음과 약속이 매우 중요합니다.

오륜은 이처럼 사회에서 필요한 윤리를 크게 다섯으로 나누어 사람답게 살 수 있는 길을 모색한 것입니다. 오륜은 자세히 들여다보면, 일방적 윤리이거나 강요 윤리가 아닙니다. 모두 서로를 인정하고 배려하는 쌍무적 윤리 관계입니다. 이는 동서고금을 막론하고 세상에 공통되는 인간관계의 기본입니다. 이처럼 우리의 전통교육은 인륜人倫을 가르치는 일을 교육의 근본으로 삼았습니다.

따라서 태권도 교육에서 오륜의 정신을 담을 필요가 있습니다. 인간관계의 수직적 · 수평적 질서 체계를 이해할 수 있도록 태권도 정신을 조율할 필요가 있습니다.

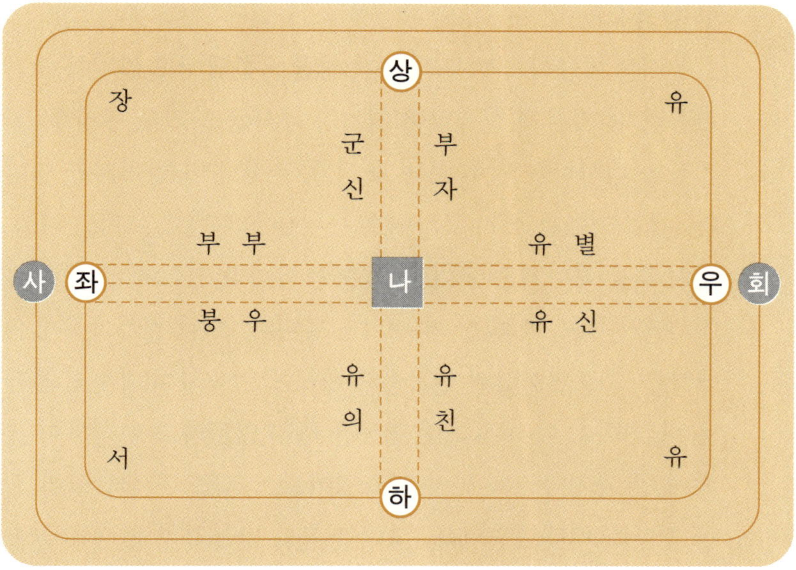

사회와 인륜의 관계망

자기 발견과 충실

대부분의 사람은 자기를 찾으려고 하고 발견하려고 합니다. 이른바 자아를 찾아서 걸음을 내디딥니다. 우리가 태권도를 통해 실현하려는 목적도 이런 작업과 통합니다. 태권도를 통해 자신의 길을 탐색하게 하는 것이 태권도 교육의 중요한 목적이 됩니다. 자기 발견과 실현을 염두에 두고 사람들은 자기를 지금 있는 그대로의 것으로 보고 자기 자신의 존재를 밀고 나가려고 합니다. 왜냐하면, 알랭이 『프로포Propos』에서 말한 것처럼 "나를 받쳐주고 나에게 도움이 되는 것은 바로 철저히 자기 자신"이기 때문입니다. 그런데 자기를 찾으려 하고, 자기 자신을 인식하기 위해서 어떻게 해야 할까요?

우리는 초등학교 때부터 자기 성찰을 한답시고 일기를 쓰곤 했습니다. 가끔씩 선생님이 일기장 검사를 하기도 했지요. 일기장을 검사하는 날이 오면 웃지 못할 광경이 벌어지곤 합니다. 매일 일기를 쓰지 못하여 보름치를 한꺼번에 쓰기도 하고, 남의 것을 베끼기도 합니다. 그뿐만 아니라 형이나 언니, 누나가 불쌍한 마음에 대신 써 주기도 합니다. 그런 일기의 내용은 대부분 그날 일어났던 일들을 간략하게 기술하여 잘못된 점들을 나열하고, 다시는 그런 행동을 하지 않겠다고 반성하며 결의에 찬 자기다짐을 하는 정도였어요. 그래도 작심삼일이 되는 경우가 허다했습니다. 그런 생활을 반복하며 인생을 돌아보고 양심에 호소해 보면서 자신도 모르게 어느 새 청소년이 되고 어른이 되어 있지요.

우리는 대부분 이와 같이 일기 쓰기를 통해 자신을 돌아봅니다. '나란 누구이며 어떤 삶을 살아야 하는가?' 이런 고민을 통해 자기를 발견하고 자아를 형성해 갑니다. 자아를 찾는 작업은 곧바로 자기에게 충실하는 일로 이어집니다. 자기 충실은 무엇을 의미하는 것일까요? 우리는 늘 '성실히 살아라', '충실해야 한다' 는 말로 자기를 채찍하고 다른 사람에게 충고합니다. 어떻게 하면 성실할 수 있을까요?

우리의 전통교육인 유학은 '몸의 수양' 을 통해 그 과정을 잘 보여줍니다. 특히 『중용』에서는 하늘이 인간의 착한 성품을 선천적으로 부여했고, 그 착한 성품을 잘 닦아 갈 것을 권장했습니다. 그것이 교육입니다. 그런 교육의 기본은 바로 자기 몸을 수양하는 '수기修己' 에 있습니다. 수기는 현실 세계를 에워싸고 있는 다양한 욕망에 대하여 자기 몸을 조절하는 일입니다. 먹고 싶은 것이 있어도 몸의 건강을 유지할 만큼 적당히 먹고, 입고 싶은 옷이 많아도 추위를 견딜 정도로 적당하게 입으면 되는 것입니다. 이러한 우리의 교육을 자기 몸을 되돌아보고 거기에서 자기가 요구하는 것이 무엇인지 파악하는 '반구저기反求諸己' 의 학문이라고도 하며, 또한 자기 자신을 위한 공부라는 의미의 '위기지학爲己之學' 이라고도 합니다.

이는 모두 먼저 자기에게서 찾는 교육입니다. 남을 탓하거나 다른 것을 핑계대지 않습니다. 그러기에 아직도 우리는 무언가 잘못되었을 때, '내 탓이오' 라고 말하거나, '제가 덕이 부족해서……' 라고 말합니다. 부모는 자식이 잘못을 저질렀을 때, '모든 것이 이 부모가 잘못해서 그렇다' 고 용서를 구하기도 합니다. 이런 점에서 아직도 우리 교육은 전통이 남아 있습니다. 그것은 모든 교육의 원인을 자기에게서 찾는 자기 수양의 중요성이 깊이 새겨져 있지요.

교육의 기본

서양 속담에 '건전한 정신, 건강한 육체Sound mind, Sound body' 라는 말이 있습니다. '건전한 정신은 건강한 육체에 깃든다' 는 의미입니다. 우리의 전통 의식은 특별히 몸과 마음, 심신心身을 구분하지는 않았습니다. 몸 가운데 이미 마음이 있고, 마음 가운데 이미 몸이 전제되어 있는 유기체적 사고를 지니고 있었습니다. 그러면서도 모든 것은 마음의 문제라는 생각을 깊이 했던 것 같습니다. 태권도도 이와 꼭 닮아 있습니다. 몸을 잘 쓰는 육체적 운동은 물론 인간의 올바른 정신을 구현하려는 자세와 태도를 길러내려고 합니다.

그러기에 일상적으로 '모든 것은 마음먹기에 달렸어!', '마음먹기 나름이야', '마음을 굳게 먹어야 해' 라고 얘기합니다. 원효대사의 '모든 것은 마음이 만들어낸다' 는 일체유심조一切唯心造 사상과도 통합니다. 이런 몸과 마음의 수양을 중시했던 것이 우리의 전통교육입니다. 건강한 몸과 착한 마음은 인간 삶의 바탕입니다. 모든 일은 이 몸과 마음을 근본으로 진행됩니다.

앞에서 언급했던 풍류가 도의와 음악, 춤, 산천을 노니는 수련을 통해 몸 공부 마음공부를 핵심으로 삼았고, 불교와 유학도 그러했습니다. 불교의 참선이나 예불 의식은 마음 수양의 대표적 사례입니다. 고요한 산사에서 혹은 토굴이나 암자에서의 수련은 엄청난 고통을 수반하는 심신 수련입니다.

태권도 교육은 이러한 심신 공부를 매우 중시합니다. 심신 수양은 일상생활에서 실천하는 교육입니다. 삶의 기초, 혹은 바탕을 다듬는 작업입니다. 모든 일에서 기초가 튼튼하지 않으면 어느 정도 나아가다가 더 이상 발전할 수 없습니다. 심신 수련은 삶의 기초를 닦는 일입니다.

우리의 전통교육은 아이를 대상으로 하는 교육을 '소학小學' 이라고 했습니다. 소학에서는 청소 잘하기, 인사 잘하기, 기본적인 글공부인 읽고 쓰고 셈하기에 해당하는 공부를 했습니다. 이는 사람으로서 행해야 할 가장 기본적인 생활습관이자 예절입니다. 예를 들어, 자기 방 청소와 정리정돈을 어린 아이

자신이 해야 합니다. 그리고 어린 아이는 부모를 도와 집안의 청소까지 할 수 있어야 합니다. 그런데 현대의 많은 부모들이 이와 거꾸로 행동하고 있지요. 태권도 도장에서 운동을 마친 어린이 수련생이 있다고 합시다. 운동 후에 흘린 땀을 비롯하여 도장의 청소를 누가 하는 것이 바람직합니까? 당사자가 해야 하지요. 그래야 올바른 정신이 깃들게 됩니다.

"내가 청소를 할 테니, 너는 들어가서 공부해라."

현대 대부분의 부모가 아이를 지식 공부와 입시의 마당으로 내몰고 있어요. 이는 실제로 아이들의 몸과 마음을 멍들게 하는 일입니다. 제 방 청소 하나 제대로 못하는데 학업 성적이 아무리 좋은들 무엇 하겠습니까? 태권도를 아무리 잘한들 자기가 운동한 장소 하나 제대로 청소하지 못하는 태권도인을 양성하여 무엇하겠습니까? 청소 잘하는 것도 매우 중요한 공부입니다. 단지 공부의 내용이 다를 뿐입니다. 아울러 부모님, 선생님을 비롯하여 어른들과 동료들에게 인사를 잘하는 등 다양한 생활 예절이 몸에 배이게 하는 것이 아이들 교육에서 급선무입니다.

이런 기초 교육을 넘어서면 어른들의 교육인 '대학大學' 으로 넘어갑니다. 많은 사람들이 '격물치지格物致知' 라는 말에 익숙할 것입니다. 그것은 『대학』에 나오는 말로 수신 교육, 즉 어른 교육의 기초입니다. 격물치지는 사물을 잘 관찰하고 연구하여 앎에 이르는 일입니다. 오늘날 교육으로 보면 사물이나 이치를 탐구하고 연구하는 지식 습득과 관련됩니다. 그 다음에 의지를 성실하게 하는 성의誠意와 마음을 바르게 하는 정심正心을 통해 자기 인격을 함양해 갑니다. 그러기에 진실함을 바탕으로 내면적으로는 늘 깨어 있어야 하고, 외면적으로는 올바름을 실천하여 자기 행위를 가다듬어야 했습니다. 이것이 이른바 진실함을 의미하는 성誠이요, 경건함을 의미하는 경敬이며, 올바름을 의미하는 의義입니다. 이런 유학의 공부를 몸에 체득했던 분들이 바로 우리의 선조들이었습니다. 그들은 꼿꼿한 기상으로 인생의 본보기를 보여 주었습니다. 예컨대 율곡 선생은 평생을 성誠에, 퇴계 선생은 경敬을, 남명 선생은 의義를 화두로 하여 자신의 생명처럼 여기며 교육활동을 전개했습니다. 이순신 장군은 그런 시기 무예의 최고봉이 어떤 것인지 잘 보여준 분이지요.

태권도지도자의 격파 시범

관계와 배려

사람은 홀로 살 수 없습니다. 다른 사람과 관계를 맺음으로써 살아갈 수 있습니다. 그러기에 가족과 이웃, 직장과 동호회, 사회와 국가에 소속되어 다른 사람과 더불어 살아갑니다. 우리가 잘 아는 '로빈슨 크루소' 처럼 혼자 살아간다는 것은 흥미롭기는 하지만 실제 인간의 삶에서는 어려운 일입니다. 그러므로 사람은 다른 사람과의 관계 맺기를 통해 서로 의존하여 성장하고 발달합니다. 아이는 부모에게 부모는 아이에게 의존하고, 학생은 교사에게 교사는 학생에게 의존하여 부대끼며 살아갑니다. 태권도지도자도 태권도와 다른 태권도인, 수련생과의 관계 속에서 자신의 삶을 지속합니다.

이런 관계에서 중요한 덕목이 상대방에 대한 '배려' 와 '이해' 입니다. 다른 말로는 '보살핌caring' 이라고도 할 수 있습니다. 다른 사람에 대한 배려는 관심을 가지고 생각해 주고, 염려해 주며, 마음을 써 주는 등 기본적으로 타인을 전제로 합니다. 즉 인간의 사회성에 기초하는 인간관계의 문제입니다. 사회에서 살아가는 개인이 홀로 존재할 수 있겠습니까? 인간은 타인과의 관계, 전체와의 관계, 그 '속' 에서만 살아갈 수 있습니다. 달리 말하면, 인간은 철저히 사회적 동물이자 관계의 동물이라는 말입니다. '배려' 는 그런 인간의 삶 속에서 가장 의미있는 윤리입니다.

배려에 관한 연구로 유명한 나딩스라는 교육학자는 하이데거라는 철학자의 말을 빌려, "배려는 인간 삶의 존재 바로 그 자체"로 설명했습니다. 하이데거는 이 용어를 "다른 생물들에 대해 염려하는 태도, 세심하게 배려하며 일을 해야 한다는 걱정, 가장 심도 있는 존재론적 갈망들, 스쳐가는 근심의 순간들, 그리고 인간 삶에 따라오는 모든 근심과 비애를 포함하는 것" 등 매우 광범위하게 사용하였습니다.

이처럼 우리의 전통교육도 다른 사람을 배려하는 사랑의 정신이 풍부하였습니다. 중요한 것은 다른 사람을 생각하기 이전에, 앞에서 말한 것처럼 삶의 궁극적 실천을 자기에게서 찾는 자기 충실을 먼저 하였습니다.

자기에게 충실히 하는 마음을 충忠이라 합니다. 그리고 자기에게서 미루어 보아 남에게 미치는 것을 서恕라고 합니다. 그런데 충과 서라는 글자에는 기본적으로 마음心이 들어 있습니다. 이 마음으로 말미암아 인간은 행위하고 실천의 방향을 정합니다. 이때 마음은 바로 관심이요 배려입니다.

'마음이 간다', '마음이 끌린다' 라고 하는 것은 이미 어떤 대상에 대해 배려하고 있다는 증거입니다. 관심과 배려가 없으면 마음이 가지 않습니다. 특히 자기에 대한 관심과 사랑, 남을 배려할 줄 아는 의식! 자기 사랑과 다른 사람에 대한 보살핌이 바로 충서입니다. 이런 충서는 구체적으로 "자기에게 베풀어 보아 원하지 않는 것은 남에게 베풀지 말라"는 사고입니다. 자기가 하기 싫은 것을 다른 사람이 좋아하겠습니까? 자기도 하기 싫은 일을 다른 사람에게 왜 시킵니까? 다른 사람에 대한 배려가 없는 사람은 다른 사람이 싫어하건 좋아하건 관계없이 일방적으로 지시하기 쉽습니다.

배려란 삶에 대한 자기 깨달음이 다른 사람에게로 이입되는

일입니다. 배려하는 사람이 자기의 의식 상태에 몰입하거나 동기 유발을 하는 감정전이感情轉移와 같은 것입니다. 이는 자기 충실과 다른 사람에 대한 성실 가운데 싹트는 사랑의 윤리입니다.

이런 배려의 차원은 인간 교육에서 구체적으로 드러납니다. 앞에서 언급했던 '수신제가치국평천하'의 교육 과정에서 인간에 대한 기본적인 배려를 '혈구지도 絜矩之道'로 표현했습니다. 혈구라는 말은 자나 컴퍼스로 재어 보듯이 대상을 잘 헤아리고 파악하라는 의미입니다. 예컨대 윗사람이 솔선수범하여 어른을 어른으로 대접하면 아래에 있는 사람은 저절로 어른을 공경하고 부모에게 효도할 것입니다. 위에 있는 사람이 고아나 어려운 사람을 구제하면 아래에 있는 사람이 배반하지 않고 그를 따를 것입니다. 이는 위에 있는 사람이 어른은 어른대로 어려운 처지에 있는 사람은 그 사람의 처지에 맞게 헤아려서 보살펴 준 것입니다.

다시 말하면, 노인들에게는 노인이 원하는 바를, 청장년에게는 청장년이 요구하는 대로, 불우한 아이들에게는 그들이 원하는 것이 무엇인지 제대로 파악하여 배려하는 정신입니다. 그런 의식이 자나 컴퍼스로 원형과 모난 곳을 재는 것과 같은 혈구의 정신입니다. 그렇다고 이러한 배려가 일방적인 것은 아닙니다. 왜냐하면 다스리는 사람은 다스림을 받는 사람을 다스리는 대신, 다스림을 받는 사람은 다스리는 사람을 봉양하는 상호관계 속에 있기 때문입니다. 그것은 배려하는 사람과 배려받는 사람의 관계와 마찬가지입니다. 이처럼 배려는 다른 사람의 마음을 '헤아림'으로써 가능합니다. 즉 구체적인 인간에 대한 관심과 마음을 써 주는 일입니다. 이런 의식은 인간을 인간답게 한 차원 끌어올릴 수 있는 기본 조건이 됩니다.

더불어 살아가기

자기 충실과 다른 사람에 대한 배려는 더불어 살아가기 위한 기본 전제입니다. 인간은 개인적인 삶과 사회적인 삶을 동시에 영위합니다. 그것은 개인의 생존과 발전, 사회의 지속과 번영을 위한 교육으로 표현됩니다. 그런 차원에서 『유네스코 21세기 세계교육위원회 종합보고서』는 21세기를 준비하는 교육의 원리로서 다음과 같은 네 개의 기둥을 제시하였습니다.

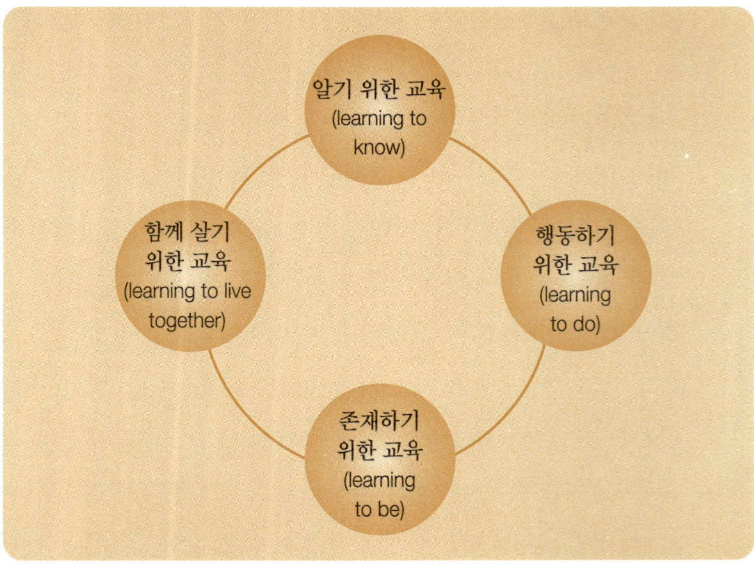

21세기를 준비하는 교육의 원리

그중에서도 함께 살기 위한 교육, 즉 더불어 살아가기 위한 교육을 매우 중시하고 있습니다. 그렇다면 함께 산다는 것, 더불어 산다는 것은 어떤 의미일까요? 그것 앞에서 말한 우리 전통교육의 자기 충실을 통해 다른 사람을 배려한다는 정신에 이미 녹아 있습니다. 이런 의식은 우리 스스로가 막연히 주장하는 것이 아니라 우리나라에 온 수많은 외국인에 의해 증명되고 있어요.

19세기 중엽 우리나라에 온 선교사 끌로드 샤를르 달레는 당시 조선 사람의 인간성을 다음과 같이 평하였습니다.

조선 사람의 큰 미덕은 인류애의 법칙을 선천적으로 존중하고 일상생활에서 실행하는 것이다. 여러 가지 계, 특히 친족이 서로 보호하고 의지하며 부조하기 위해 긴밀히 결합된 단체를 이루고 있다. 이러한 동포 감정은 혈족 관계와 계를 넘어서 확대되어 간다. 상호 부조와 다른 사람을 후하게 대접하는 것은 조선 민족의 특징이다. 솔직히 말하여 그런 특성은 현대 문명의 이기주의에 물든 다른 민족들보다 조선 민족이 훨씬 우위에 있다는 증거이다.

또한 당시 러시아인들도 조선 사람을 공동생활과 손님을 후하게 대접한다고 긍정적으로 평했습니다.

조선 사람들은 공동생활에 매우 적극적이다. 항상 이웃을 도우려고 노력한다. 손님에 대한 후한 대접은 모든 사람들이 가장 귀하게 여기는 풍습 중에 하나이다. 점심 때, 저녁 때 혹은 어떤 식사 때 아는 사람이건 모르는 사람이건 손님으로 왔는데 식사를 거절하는 것은 수치스러울 뿐만 아니라 죄를 짓는 일이다.

이처럼 수많은 외국인들은 조선 사람들이 '더불어 사는' 모습을 보고 감탄하였습니다. 왜냐하면 그들 서구인들에게는 그런 삶이 부족했기 때문입니다.

우리의 전통에 함께 일하고 함께 즐기던 아름다운 노동 풍습인 두레라는 게 있지요. 두레는 한 마을 사람들이 총동원되어 그 마을의 일거리에 대하여 나와 너의 구별 없이 함께 공동 노동을 하는 조직입니다. 서로 힘을 합하여 모두 함께 했던 두레. 이런 두레는 공동 노동과 농악, 무용, 오락을 종합적으로 포괄하는 단체 조직으로 한국인의 공동체 의식이 잘 투영된 더불어 살기의 전형적 모습입니다.

사람이 살아간다는 것은 혼자 살아가는 것이 아닙니다. 함께 어울려 살아갑니다. 개인은 단순한 개인이 아니라 공동체 속의 일원, 사회 속의 일원으로서 생활하고 활동하게 됩니다. 20세기 미국의 유명한 교육철학자인 존 듀이는 이를 '사회적 개인' 이라고 했습니다. 나는 개체로서 살아가지만, 우리가 될 때 공동체를 이루어 더불어 살아갑니다. 우리라는 공동체는 작게는 가족주의에서 크게는 민족주의, 인류로 확대하여 생각할 수 있습니다.

이때의 공동체 의식, 더불어 살아가기의 정신은 한마디로 말하면 '우리' 의식입니다. 사람들이 다 함께 그 안에서 살아가는 삶의 공동 공간 속에서 모든 구성원들은 하나로 통합되어 조화로운 전체를 이룹니다. 이 통합과 공동체의 결속은 우리 사회가 지니고 있는 강점입니다. 우리라는 개념은 바로 한

피를 나누고 삶의 터전을 공유하며 동일한 목적을 추구함으로써 공동체 안의 사람들이 한 덩어리가 되는 것입니다. 더불어 살아가기를 갈망하는 공동체는 함께 어울리고 운명을 같이 하는 사람 사이가 깊어지는 정과 유대감이 있습니다. 정은 사랑으로 발전하고 동료사랑, 고향사랑, 동학사랑, 겨레사랑, 애국심으로 번져 나갑니다.

2. 태권도인이 길러내야 할 인간상을 고민합시다

온전한 인간

인간이 지향하는 바는 적어도 자기 삶에 대한 목적을 채우려는 욕망과 결부되어 있습니다. 이 욕망은 다양한 방법에 의해 추구되지만, 교육을 통해 좀더 적극적으로 추구됩니다.

정말 우리 인간은 무엇을 바라는 것일까요? 어떤 사람이 되고 싶은가요? 인간은 누구나 완벽한 사람이 되고 싶어합니다. 적어도 인간으로서 인간다운 사람, 사람됨을 추구합니다. 교육은 그것의 길을 제시하며 그것의 내용을 전수하기도 합니다. 그러므로 교육은 기본적으로 완전한 인간을 추구하는 전인교육을 지향합니다.

그렇다면 완전한 사람, 전인全人은 어떻게 이해할 수 있을까요? 사람은 각자 타고난 좋은 소질이 있고 인간적인 힘들이 있습니다. 그 힘들을 조화롭게 발전시켜 하나의 온전한 인격으로 완성한 인간이 전인입니다. 이는 성인과도 통합니다. 흔히 세계의 성인으로 공자, 석가모니, 예수, 마호메트, 소크라테스 등을 꼽습니다. 성인들의 공통점은 어려운 수행, 즉 고행을 거쳐 자기 깨달음을 얻거나 다른 사람들까지 구원하는 구세주가 되거나 삶의 지침을 제시하는 인간의 최고 경지에 도달한 사람들입니다.

그러기에 종교적으로 숭배의 대상이 되는 경우가 대부분입니다. 그것은 인간이 신과 같이 됨으로써 보통 인간으로서는 다가갈 수 없는 경지입니다. 기독교의 예수가 그렇고, 불교의 석가모니, 유교의 공자, 이슬람교의 마호메트가 그렇습니다.

예컨대 공자의 경우, 우리나라와 중국을 비롯한 동양 최고의 스승입니다. 스승은 모범자이고, 이른바 '된 사람' 입니다. 태권도에서는 그런 존재를 사범師範으로 지칭합니다. 동양에서 된 사람, 완성된 사람, 즉 전인은 지혜와 청렴, 용기와 재능을 두루 갖추고 있어야 합니다. 뿐만 아니라 인간에 대한 기본적 예의와 행위에 대한 조절 능력, 인품이 내외로 고루 갖추어져야 합니다. 이렇게 완벽한 인간이 전인입니다.

현실적으로 이런 전인은 불가능한지도 모릅니다. 하지만 우리의 교육적 이상은 늘 그러한 온전한 인간, 된 사람을 꿈꾸고 있습니다.

군자와 교육지도자

앞서 말한 것처럼, 교육은 늘 전인교육을 지향합니다. 그러나 그것은 하나의 이념적 사고입니다. 그렇다면 교육을 통해 현실적으로 어떤 인간을 양성할 수 있을까요?

우리의 전통교육이 구체적으로 지향했던 인간상은 자기에게 충실하고 다른 사람을 배려할 줄 아는 사랑의 인간이었습니다. 즉 자기를 사랑하는 동시에 남을 사랑하는 건전한 인격의 소유자였습니다. 이를 흔히 군자君子라고 합니다. 서양에서는 신사gentleman라고 하지요. 특히 우리 전통교육의 바탕이 된 유학은 교육을 사회 발전에 원동력으로 보았습니다. 따라서 나라의 질서를 세우고 다스림의 주요한 요소로 여겼어요. 군자는 바로 나라를 다스릴 수 있도록 교육을 통해 길러져야 하는 인물이었습니다. 따라서 군자 양성을 교육의 궁극 목적으로 삼았지요.

이런 점에서 군자는 인격 가치의 의식을 나타내는 말로 예로부터 써왔습니다. 매우 교양 있고 지적 · 도덕적 수준이 높은 인격자를 일컫는 말이지요. 그러기에 유학에서 교육이나 수양을 통해 도달하는 인간의 모습이었고, 이른바 조무래기에 불과한 소인小人과는 비교되는 교육적 인간상이 되었습니다. 그들은 바로 지도자, 리더 leader였습니다.

태권도인들의 자기 확인 모습

잘 알다시피, 『논어』 첫 구절의 끝에는 다음과 같은 말이 있습니다.

"사람들이 알아주지 않더라도 서운해하지 않는다면 군자가 아니겠는가?" 그리고 뒤이어서 군자는 "근본에 힘써야 한다"고 권고합니다. 사람들이 알아주건 알아주지 않건 무슨 상관 있겠습니까? 열심히 일하면 그만이지요. 『논어』의 언급은 주체적 인간으로서 자기 신념에 의하여 스스로 사고하고 행동하는 인간임을 암시합니다. 주체적인 인간은 도덕적 인격을 스스로 다져 나갑니다. 뿐만 아니라 그것을 타인에게 전달해야 한다는 강한 책임감을 지니고 있습니다.

지도자에게서 생명은 '성실' 입니다. 성실은 자기 몸가짐과 다른 사람을 다스리는 데서 동시에 드러납니다. 다시 말하면 한편으로는 개인의 덕성 수양을 통해 개인적 이상을 달성하는 것이고, 한편으로는 개인과 관계되는 국가 사회에 공헌하기 위해 덕성을 쌓는 것입니다. 지도자의 이러한 생활 태도는 원만하고 화해로우며 조화롭습니다. 이른바 중용의 특성을 간직한 인격의 표출입니다. 이는 철저하게 마음에 덕을 품고 먼저 그 덕을 신중히 하여 그것을 베풀기 때문일 것입니다.

이런 인간은 대개 말보다 실천을 앞세웁니다. 말을 잘 할 줄 모릅니다. 지도자는 일상생활의 많은 부분에서 말을 통해 구차하게 변명을 늘어놓지 않습니다. 내가 남과 같은 권리를 주장하기 위해서는 남과 같은 처지에서 남과 같은 요구와 행위에 대한 책임이 요구됩니다. 지도자는 이를 실천하는 사람입니다. 남의 위에 서서 남을 감독하는 이가 아닙니다. 그러기에 더욱 자기를 추스려야 하고 자기를 돌아봐야 합니다.

이는 존 듀이가 말한 반성적 사고reflective thinking를 일상적으로 체득하고 있는 사람일 것입니다. 그러므로 특히 홀로 있을 때를 삼가합니다. 왜냐하면 인간은 홀로 있을 때, 남이 보지 않는다고 자기 절제를 잃어버리고 마음대로 행동하기 쉽습니다. 다른 한편으로 인간은 남과 어울려 서로의 빈자리를 메워갈 때 조화로운 사회를 이룰 수 있기 때문입니다.

지도자는 자기 행위의 문제를 스스로 풀어 가는 자율적 인간입니다. 따라서 하늘을 원망하지도 않으며 다른 사람을 허물하거나 원망하지도 않습니다. 이는 모든 사물에 대한 이해와 배려가 되었을 때 가능합니다. 즉 남을 탓하지 않고, 인간 행위의 기준을 자기에게서 발견하려는 자세입니다. 문제도 해답도 나에게 있습니다. 이런 점에서 지도자는 각각의 인간에게 맞는, 합당한 기준에 의해 자로 재는 듯한 도를 가지고 있습니다. 즉 나의 행위로 말미암아 남을 미루어 보고 남의 마음을 이해합니다.

호연지기

인간의 성품은 착합니다. 맹자는 착한 성품, 그 "마음 안에 모든 것이 갖추어져 있다"고 했습니다. 때문에 마음을 다하면 자기 존재를 알 수 있다고 판단했지요. 그래서 일차적으로 마음을 다하여 몸을 닦아 자기 책임을 다하면 인간의 보편적인 도리를 찾을 수 있다고 보았습니다. 이는 개체의 내면 깊숙한 착한 심성에 대한 믿음에서 출발합니다. 중요한 것은 인간의 심성을 '착하다' 고 보고, 그 마음을 확충해 가는 것이 교육의 과정이라는 점입니다.

이에 맹자는 "학문의 방법은 다른 것이 아니다. 풀어진 마음을 굳게 다잡는 것일 뿐" 이라고 말했습니다. 그리고 이를 위해 그 유명한 "호연지기浩然之氣를 기른다" 고 설파했습니다. 이 호연지기는 착한 마음을 제대로 잡는 비법입니다. 맹자에게서 착한 마음은 잘 알려져 있는 사단四端 : 仁義禮智으로 인간의 본심입니다. 이 본심은 흔히 말하는 양심良心입니다. 이것을 어떻게 기르느냐에 따라 인간 유형이 나뉘어집니다. 맹자는 "본심을 기르는 데 욕심을 적게 하는 것보다 더 좋은 방법은 없다" 고 말합니다. 이는 착한 성품을 그대로 이어 확충해가면 훌륭한 인간이 될 수 있다는 논리로 이어집니다. 이 방법의 하나가 흔들리지 않는 마음인 부동심不動心입니다. 이는 공자의 불혹不惑 : 40대과도 통합니다.

부동심은 호연지기에 의해 길러집니다. 호연지기는 인간의 순수하고 착한 본성을 길러나가는 최적의 상태를 말합니다. 호연지기에서 "호연은 '매우 성하여 유행하는 모양' 이고 기는 '몸에 꽉 차 있는 그 무엇' " 입니다. 맹자는 몸을 둘러싼 역동적 움직임을 통해 착한 본성을 발휘해갈 때, 호연지기를 기르는 가장 기본적인 조건으로 '의義를 모으는 것' 으로 보았습니다. 의를 모으는 것은 착함을 쌓는 것積善과 같습니다. 사람은 의를 쌓고 욕망을 절제하며 자신의 불명예를 지킴으로써 호연지기를 도야할 수 있습니다. 그러나 호연지기가 무엇이냐고 물었을 때, 맹자는 "말하기 어렵다" 고 표현했어요. 왜 그랬을까요? 이는 결국 인간 개체가 홀로 터득해야 하는 체득體得

내지 심득心得에 의해 기르고 확충해 가는 것이기 때문에 객관성을 띤 언어로 말하기 어렵다는 의미입니다. 태권도 수련에서도 기본 원칙은 있지만 실제로 터득하는 과정은 터득하는 사람에 따라 달라지는 것과 유사합니다.

가장 중요한 일은 자신을 지키고 기르는 것입니다. 그러나 당시의 사람들이 얼마나 자신을 돌보지 않고 자기 마음을 추스르지 않고 살았는지, 맹자는 사람들을 향해 "닭과 개가 도망가면 기를 쓰고 찾아 나서지만, 자기 마음을 잃고서도 찾을 줄 모른다" 고 개탄했습니다.

실천하는 대장부

인간은 상당히 자율적인 존재로 살아갑니다. 물론 전혀 그렇지 못한 인간도 있습니다. 그래도 건전한 사람이라면 자아에 충실하고 자아를 발양하려는 노력을 합니다. 맹자는 그것을 창발성을 지향The Productive Orientation하는 기상 넘치는 아주 구체적인 인간형으로 제시했습니다. 이는 그 나름대로의 양심에 호소하는 자신의 행동을 드러냄과 동시에 많은 지적 인간들에게 그렇게 행동할 것을 요구한 것이기도 합니다. 그것이 이른바 대장부大丈夫라는 인간상입니다.

온 세상을 자기의 집으로 삼고,
세상의 가장 바른 자리에 서서,
세상 사람들을 잘 살게 할 큰 도를 행하라.
현실 정치에 나아가서는 백성과 더불어 고락을 함께 하고,
산림에 묻혀서는 혼자만이라도 완전한 사람이 되도록 노력하라.
그러면 부귀도 그를 유혹하지 못할 것이요,
가난도 그를 변질시키지 못할 것이며,
권력도 그를 굴복시키지 못할 것이다.
이런 사람을 대장부라 한다.

혼탁한 세파에서 인간의 떳떳함은 어디까지 가능할까요? 대장부라면 어떤 일을 하고 어떤 일은 하지 말아야 할까요? 맹자는 '온 세상', '바른 자리', '큰 도'를 중심으로 나름대로 행

동하는 양심을 그려내고 있습니다. 이념적으로 세상은 인仁의 세상이며 바른 자리는 예禮이며 큰 도는 의義입니다. 인은 인간관계와 행위의 표준입니다. 예는 실천의 양식이며 의는 실천의 지침입니다. 맹자는 '인-예-의'라는 통일적이고 유기적인 관계를 체득하여 실천하는 양심적 지성을 요구했습니다. 부귀와 빈천, 권력의 억압 구조 속에서도 굴하지 않는 양심에 따라 행동하는 인간상을 그리워했습니다.

인간이 외부의 환경에 굴하지 않고 살아간다는 것은 엄청난 용기를 필요로 합니다. 맹자에게서 큰 용기大勇는 흔들리지 않는 마음인 부동심不動心을 길러야 가능합니다. 스스로 반성해서 의롭지 않으면 낡고 헐렁헐렁한 옷을 입은 사람에 대해서라도 내가 겁내지 않고 견딜 수 없지만, 스스로 반성해서 의롭다면 수많은 사람의 앞이라 할지라도 내가 겁내지 않고 갈 수 있는 용기를 길러야 합니다. 이것은 마음, 양심의 떳떳함과 관련되는 문제입니다.

그러나 인간의 구체적 현실은 인간을 양심적으로만 살아가도록 허락하지 않습니다. 상황에 따라 더 현실적이냐, 현실과 적절한 거리를 두면서 알맞은 상황을 추구하느냐, 현실과 반대의 방향에서 이상적이냐에 따라 인간상은 달라집니다. 이 때 행위의 기준은 양심입니다. 그것에 따라 큰 의리와 용기로 대처하는 인간이 대장부입니다. 앞에서 본 군자도 대장부와 일맥상통하는 인간상이긴 하지만, 좀더 양심에 호소하며 행동하려는 구체적인 모습이 대장부입니다.

보편성을 띤 국제인

일찍이 신라시대에 최치원은 당나라에 유학하여 과거시험에 당당히 합격하였습니다. 뿐만 아니라 황소의 난을 물리치는 격문을 서서 문장으로 이름을 날렸습니다. 이른바 국제적 학자가 되었지요.

뿐만 아니라 퇴계 이황은 일본 유학의 개조가 되었습니다. 우리보다 선진국인 일본이 임진왜란 이후 퇴계를 중국의 주자 이후로 제일 가는 사람으로 보고 숭배한 사실은 퇴계의 학문이 얼마나 높은 자원이었던가를 알게 해 줍니다. 또한 중국 근대, 청나라 말기에 퇴계 선생의 『성학십도』가 중국에서 간행되었을 때, 당시 중국을 대표하던 위대한 사상가인 양계초는 퇴계 선생을 다음과 같이 예찬하였습니다.

높디 높으신 우리 이 선생님
옛을 잇고 뒤를 이어 고금을 꿰뚫었습니다.
열 폭 그림 속에 학문의 요체를 전하시어
백세의 인심을 길이길이 여셨습니다.
글과 거문고는 주자를 따르셨고
풍월같은 금회는 염계에 비길 만합니다.
높은 덕성 넓은 교화 삼백년에 미치시니
온 누리 사람들이 누구 아니 공경하겠습니까.

뿐만 아니라 퇴계학은 일본, 중국은 물론 미국, 독일, 러시아 등 세계 곳곳에서 연구하고 있습니다. 이는 무엇을 의미하는 것일까요? 우리는 전통적으로 이미 국제무대에 서서 경쟁력을 과시하고 있었던 것입니다.

현재의 태권도도 마찬가지입니다. 많은 지도자들이 해외에서 우리의 국기인 태권도를 자랑스럽게 보급하고 그 정신의 우수성을 알리고 있습니다. 그러다보니 때로는 올림픽 게임이나 세계 선수권 대회에서 다른 나라가 종주국인 우리나라를 앞설 때도 있습니다.

국제 태권도 대회에 참여한 외국의 태권도 꿈나무들

제7장 태권도 교육과 인격 함양의 방법적 원리를 찾아볼까요

老者安之 朋友信之 少者懷之
노자안지 붕우신지 소자회지

어른을 편안히 모시고
젊은 벗들에게 믿음을 주며
어린이를 품어 주라 『논어論語』

1. 인격 함양의 원리를 생각해 봅시다

인격과 삶

인격은 '사람으로서의 품격品格' 또는 '사람으로서의 자격資格'으로 정의할 수 있습니다. 격格은 '표준', 혹은 '틀'이라는 개념과 동일하게 쓰이지요. '그 사람 격이 높다', '격조가 있다' 등에 쓰이는 '격'이라는 말이 모두 같은 의미입니다. 태권도인들 사이에도 수련 과정에 따라 격이 다르잖아요.

인격은 사람으로서의 '표준', '기준', '사람의 틀을 갖춘 어떤 것'으로서 인간됨을 상징하는 표징입니다. 인간에게서 보편적 인격은 사회적 영역에서 윤리로 정립되고, 개인적 인격은 사적 영역에서 개성으로 표출됩니다. 삶의 과정에서는 이 두 인격의 모습이 늘 동시에 개입되어 있어요. 즉 인간은 일상 속에서 끊임없이 움직이는 가운데 자신을 나타내고 자신을 체험한다는 말입니다. 그러기에 인격은 특정하게 고정된 형식으로 대상화할 수 없어요. 완전성을 지닌 인격체는 불가능하다는 말이지요.

마이클 노박이라는 학자는 "인격은 종교적 전통, 문학 속의 이야기, 역사에서 현인賢人과 상식을 가진 사람들이 확인해 준 모든 미덕들의 정연한 혼합물"로 보았습니다. 그런데 모든 미덕을 다 소유한 완벽한 인격을 지닌 사람은 없습니다. 모든 사람들은 나름대로 인격적 취약점을 지니고 있습니다.

이러한 특성을 지닌 인격의 문제를 삶에서 온전하게 실현하려는 노력은 우리의 전통 사상인 유학에서 잘 드러납니다. 앞에서 말한 것처럼, 유학은 오륜五倫이라는 윤리 도덕적 체계를 통해 보편적 인격의 확립을 시도하였습니다. 그리고 개인의 수양이라는 수기修己를 통해 자신만의 모양새인 성품, 즉 개성을 실현하려고 했어요. 이는 '개인의 도덕적 자각' 과 '사회 · 공동체의 예禮의 실현' 에 중점을 두는 교육의 모습으로 표출됩니다. 늘 인격의 균형과 조화를 지향하는 인격교육을 중시하지요. 그리고 인격교육을 통해 일상생활의 합리적 도모를 염원합니다. 이는 인간과 인간 사이의 관계는 물론 모든 사물 사이의 관계 질서를 정연하게 확립함으로써, 모든 사물의 모양새인 '격' 을 갖추게 하는 작업입니다. 그것은 중용中庸으로 표현됩니다. 일상생활에서 흔히 '중용을 지키라' 는 말을 많이 하지요. 그때 중용이 간단하게 중립을 지킨다는 의미가 아니라 바로 이런 의미입니다.

배우려는 의욕

'말을 강가로 끌고 갈 수는 있지만, 물을 마시게 할 수는 없다.' 는 속담이 있습니다. 고삐를 잡고 두들겨 패면서 억지로 말을 강가로 끌고 갈 수는 있습니다. 그러나 목마르지 않은 말에게, 물 마시고 싶지 않은 말에게 억지로 물을 먹일 수는 없어요. 이는 인간의 자발적인 태도와 행동이 중요함을 빗대어서 하는 유명한 속담입니다.

교육도 마찬가지입니다. 우리 선조들은 가르치는 사람의 자세도 중요하지만 배우려는 사람의 태도에 무게 중심을 두었습니다. 즉 배우려는 의욕이 없는 아이는 가르치지 않았습니다. 왜냐하면 배우려고 발버둥치지 않는 아이에게 진정한 교육은 성립하지 않기 때문이지요. 이런 생각은 동양의 최고 스승이라고 할 수 있는 공자의 다음과 같은 언급때문입니다.

자기가 모른다는 사실에 괴로워하지 않는 사람은 가르쳐 주지 않고, 뜻을 제대로 표현하려고 노력하지 않는 사람도 가르쳐 주지 않으며, 하나를 가르쳐 주었는데 세 가지를 연역해내지 못하는 사람은 반복하여 가르치지 않는다.

공자의 이런 생각은 엄청나게 고리타분하고 엄격한 선생으로 이해될지도 모릅니다. 하지만 사람이 배울 의욕이 없고, 그렇다고 이미 배운 지식도 없는 경우에 어떻게 하겠습니까? 물론 선생이 억지로 데려다 놓고 회초리로 때려가면서 가르칠 수는 있습니다. 그런 타율적인 교육이 어느 정도 효과적인 교육이 될 수 있을까요?

또한 공자는 제자를 다음과 같이 대하기도 하였습니다.

어느 날 재여라는 제자가 낮잠을 자고 있었습니다. 공자가 이를 보고 말했어요.

썩은 나무에는 조각을 할 수가 없고, 거름 섞인 썩은 흙으로 쌓은 담장은 흙손으로 매끄럽게 손질할 수 없다. 재여를 무슨 말로 꾸짖을 수 있겠는가?

겨루기에 열중하는 태권도 꿈나무들

일상에서 부모가 자식을 꾸짖거나, 선생이 제자를 나무라거나, 어른이 아이를 질책하거나, 친구가 친구에게 충고하기 일쑤입니다. 왜 그럴까요? 미워서 그럴까요? 그것은 그 사람에 대한 관심과 사랑이 있기 때문입니다. 만약 관심과 사랑이 없다면 꾸짖을 필요가 없지요. 관심과 사랑은 인간으로서의 가능성을 보았기 때문에 생기는 행위입니다. 인간이 될 가능성이 있기에 꾸짖고 충고하는 것이지요. 공자는 낮잠을 자다가 들킨 재여를 썩은 나무나 썩은 흙처럼 가능성이 없는 존재로 보았습니다. 그러기에 꾸짖을 필요가 없었지요.

이런 점에서 부모나 선생님, 직장의 상사나 동료, 친구들이 충고를 하지 않거나 아랫사람이 불만을 얘기하지 않는다면, 심각한 문제입니다. 썩은 나무나 잡동사니 쓰레기가 섞인 흙처럼 가능성이 없는 존재가 되어버린 것일 수도 있기 때문입니다. 속담에 '재목이 될 나무는 떡잎부터 알아본다' 라는 말이 있듯이 교육에서 분발하고 배우려는 의욕을 가지는 것은 핵심 중의 핵심입니다. 스스로 자율적으로 배우려는 자세 말입니다.

인간은 어떻게든 배워야겠다는 자기 다짐을 가지고 노력해야 합니다. 그렇지 않으면 지식과 지혜의 눈을 뜰 수 없습니다. 동시에 최선을 다하겠다는 의욕이 없으면 가르칠 수 없어요. 왜냐하면 교육은 궁극적으로 '자기교육' 이기 때문입니다.

우리 교육의 주요한 형태 중 하나였던 서당 교육에서도 새로운 내용은 훈장에게 배우지만, 학동 상호간의 질의와 문답의 방법으로 이해력을 증진시켰다고 합니다. 모르는 것은 훈장을 보조하는 접장으로부터 직접 배우기도 하며 자율적으로 공부하였는데, 평소 하루의 일과는 다음과 같습니다. 태권도 수련장에서 응용해 봄직합니다.

새벽에 훈장 앞에서 전날 배운 내용을 암송하고 해설하여 통과된 사람은 그날 할 과제를 받는다.
오전에 그날 배운 내용을 암송할 수 있을 때까지 낭송하고 글의 의미를 파악한다.
오후에 그날 배운 내용을 계속 암송하고 훈장과 함께 산책도 하고 습자도 한다.
저녁에는 계속 낭송한다. 훈장은 학동들과 함께 그날 배운 내용을 문답하고 다음날 배울 내용을 예습하기도 한다.

이 모든 과정은 자율적입니다. 선생은 학생이 배우는 내용을 알 수 있게 도와줄 뿐입니다. 모든 노력은 궁극적으로 학생의 자기 노력에 의해 이루어집니다. 선생이 아무리 노력해도 학생에게 배우려는 의욕이 없으면 학문을 익힐 수 없습니다.

가르침과 배움의 상호작용

『예기禮記』라는 책에 교육의 원리 및 방법과 관련하여 유명한 말이 있습니다.

좋은 생각을 내서 법도에 맞게 하고 착한 일을 추구하면, 조그마한 영예를 얻을 수는 있으나 많은 사람에게 감동을 주기에는 부족하다. 자기 몸을 낮추어 어진 사람에게 나아가고 처지를 바꾸어 멀리 있는 아래 사람의 마음을 헤아린다면, 많은 사람에게 감동을 줄 수는 있으나 백성을 감화시키기에는 부족하다. 군자가 백성을 감화시켜서 아름다운 풍속을 이루려 한다면, 반드시 배움學으로 말미암아야 할 것이다.

옥은 다듬지 않으면 그릇으로 만들 수 없고, 사람은 배우지 않으면 도를 알지 못한다. 이 때문에 임금이 나라를 세우고 백성의 군주 노릇할 때에 가르치고 배우는 일敎學을 먼저 했다. …… 좋은 안주가 있다 하더라도 먹어 보지 않으면 그 맛을 알지 못한다. 훌륭한 도가 있다 하더라도 배우지 않으면 그 좋은 점을 알지 못한다.

이 때문에 배운 후에야 부족함을 알고, 가르친 후에야 학문의 어려움을 안다. 부족함을 안 후에야 스스로 반성하게 되고, 어려움을 안 후에야 스스로 공부에 힘쓰게 된다. 그러므로 '가르치고 배우는 일이 서로

돕는다' 고 하는 것이다.

위의 글에서 보듯이 제왕은 백성을 교화하는 교육자인 동시에 자기 주도적 학습자입니다. 공부하는 사람이지요. 백성은 교육받는 사람이고 다른 사람에 의해 지도되는 학습자입니다. 태권도의 세계에 비유하면, 제왕은 사범이고 백성은 수련생 정도로 볼 수 있습니다.

고대의 제왕은 덕을 갖추어야 했습니다. 그것은 의무인 동시에 도리였으니까요. 태권도 지도자도 마찬가지입니다. 태권도 덕을 가져야만 교육지도자의 자격이 주어집니다. 하늘에 비유되는 제왕은 진실함誠이라는 자연의 질서와 법칙을 체득해야만 했다. 이는 자연의 질서 자체가 인간 삶의 운용 원리와 연속선상에서 파악된다는 점에서, 제왕이 개인적으로는 완성된 인간이라는 인격 도야의 과정을 거치는 일이었습니다. 동시에 제왕은 자기 수양을 기반으로 백성을 교화해야 할 임무를 안고 있었어요. 사회 공동체를 지속하기 위하여 교육방침을 세우고 학교를 세우는 등 교육의 장려를 통해 백성들이 윤리 의식을 갖추도록 교도해야만 했습니다.

제왕의 생활은 겉으로는 화려하고 권력 있는 존재처럼 보일 수도 있지만, 의무와 책임 측면에서 보면, 참 외롭고 어렵고 험난한 길이지요. 그래서 지도자는 외롭다고도 합니다. 그런 지도자는 '학습자' 인 동시에 '교육자' 로서 늘 고민해야 합니다.

반면에 백성은 부족하고 미숙하며 어리석은 존재, 무지자였습니다. 그러기에 하늘의 덕을 체득한 제왕으로부터, 혹은 제왕의 위임을 받은 교육자로부터 하늘의 도가 어떤 것인지 깨우쳐야 하는 대상이었지요. 다시 말하면, 그 사회에서 바람직하다고 여겨지는 정신문화나 체제유지를 위한 윤리 도덕적 규범들을 인지하여 체득해야 했습니다. 이런 점에서 그들은 교화의 대상이었으며, 제왕은 그들을 보듬고 안아야 했어요.

제왕은 스스로 배우고, 그것을 바탕으로 타인을 가르치는 사람입니다. 태권도 교육지도자도 스스로 수련하고 그것을 수련생에게 전수하고 지도하는 사람입니다. 이런 교육 행위는 자신이 학습자인 동시에 교육자로 활동하는 것입니다. 제왕은 배움이 끝이 없음을 느껴 늘 부족함을 인식하고, 백성을 교화하면서 스스로 학문이 얼마나 어려운지 반성하게 됩니다. 그리하여 자기 성찰과 역행力行을 지속적으로 진행해 나갑니다. 그런 과정을 '교학상장教學相長' 이라고 합니다.

교학상장은 제왕 자신이 교육자인 동시에 자기 학습(수양)을 하는 학습자로서 개인 내부에서 진행되는 '교' 와 '학' 의 동시적 과정입니다. 즉 자기 성찰과 노력이라는 양면성의 극복 방법을 나타내는 말입니다. 요약하면, 가르치는 일과 배우는 일은 상호작용을 하여 성숙한 인격으로 나아가게 하는 방법입니다.

教 學 相 長

공동 노력과 진리 생산

앞에서도 언급했듯이 일상생활에서 자기 충실과 타인에 대한 배려를 통해 균형과 조화를 이루는 삶을 '충서忠恕' 라고 했습니다. 삶과 교육의 원리상, '충' 과 '서' 는 나와 타인의 관계망을 구체적으로 보여주는 인간관계의 철학입니다. 태권도 수련과정에서 모범이자 스승인 사범과 수련생인 제자의 관계도 이를 벗어날 수 없지요. 사범은 자신의 가르침에 충실해야 할 것이고, 제자는 자신의 배움에 충실해야 합니다. 이것이 '충' 입니다. 동시에 사범은 제자를 배려해야 하고 제자는 사범의 마음을 헤아려야 합니다. 이것이 '서' 입니다.

이를 불교에서는 병아리가 계란에서 부화할 때에 비유하여 '줄탁동시啐啄同時' 라고 합니다. 병아리는 계란 속에서 알을 깨고 밖으로 나오려고 하고, 어미닭은 그 사실을 직감으로 알

啐啄同時

아차리고 병아리가 쉽게 나올 수 있도록 밖에서 쪼아줍니다. 다시 말하면, 병아리의 요구와 어미닭의 요구가 동시에 충족될 때 계란은 깨지고 생명은 탄생하는 것입니다.

이는 태권도에서 사범과 수련생의 관계에서 충분히 적용할 수 있습니다. 병아리는 수련생이요, 어미닭은 사범입니다. 병아리라는 생명의 탄생처럼, 수련생과 사범의 공동 노력으로 올바른 태권도 교육과 그 정신이 탄생할 수 있습니다.

啐啄同時

2. 인격 함양의 방법에 핵심이 있습니다

말과 인간

인간의 행위 특질 중 가장 중요한 것은 '사고思考'를 하고 '언어'를 사용한다는 점이지요. 그러기에 인간을 '이성적 동물'이라고 합니다. 말은 복잡한 삶의 상황과 관련되어 일정한 이야기 속에서 늘 창조적인 기능을 다합니다. 뿐만 아니라 인간은 말을 통해 사고의 틀을 결정하고 이 세계를 인식합니다. 인간은 약속의 체계인 말로 사물을 이해하고 세상을 질서 있게 다룹니다.

교육은 말-언어나 기호로 대변되는 비판적 활동 가운데 이루어집니다. 태권도의 구령이나 기합소리 하나하나도 이 말의 양식입니다. 말에는 설교나 명령, 호소, 충고 등 다양한 유형이 있습니다. 교육은 이러한 말의 사용을 통해 인간과의 관계를 형성하는 작업입니다. 공자는 말의 쓰임이 적절치 못한 상황을 다음과 같이 경고한 적이 있습니다.

> 말할 때가 아닌 데 말하는 것, 이것을 '조급함'이라고 한다.
> 말할 때가 되었는데 말하지 않는 것, 이것을 '숨김'이라고 한다.
> 얼굴빛을 보지 않고 말하는 것, 이것을 '눈먼 사람'이라고 한다.

하이데거라는 철학자는 '언어는 존재의 집'이라고 했습니다. 그것은 언어, 말을 통해 인간은 보금자리를 틀 수 있다는 의미입니다. 그만큼 언어는 일상을 지배합니다. 말할 상황에서는 말해야 하고, 말하지 않아야 할 시기에는 말하지 않는 것이 도리지요. 그러기에 공자도 '상황과 때'에 따라 맞는 말을 사용하라고 한 것입니다. 예컨대 여러 사람이 대좌했을 때는 어른이 먼저 말하는 것이 마땅합니다. 말하지 않는다면 이는 오히려 때에 맞지 않는 행위지요. 또 누군가의 질문이 있었다고 합시다. 그렇다면 그것에 답한 후 다른 질문과 대답이 이어져야 합니다. 그러지 못하면, 말할 때를 놓쳐 인간관계의 이해에 심각한 문제를 낳을 수 있습니다.

아홉 가지 생각

진정으로 인간과 인간의 마음 소통을 가능하게 하는 것은 살아 있는 언어의 약속 체계대로 사용되는 정확한 언어에 의해서입니다. 약속의 체계를 확인하는 것이 바로 때에 맞게 사용하는 언어법입니다. 이러한 언어는 사고에 절대적 영향을 미칩니다. 그렇다면 일상생활에서 인간은 어떻게 사고해야 할까요?

볼 때는 밝음을, 들을 때는 귀밝음을, 얼굴 표정을 드러낼 때는 온화함을, 용모를 보일 때는 공손함을, 말할 때는 충실함을, 일할 때는 경건함을, 의심스러울 때는 물음을, 성날 때는 어려움을, 얻을 것을 보았을 때는 옳음을 생각해야 합니다. 이를 흔히 '구사九思'라고 합니다.

조금만 깊이 생각해 보세요. 인간의 일상은 이러한 아홉 가지의 사고가 늘 개제되어 있어요. 이 아홉 가지의 조목은 순서가 있습니다. 앞의 다섯 가지 '보는 일, 듣는 일, 얼굴색, 용모, 말씨' 는 몸 자체의 행위와 관계됩니다. 뒤의 네 가지 '일, 의심, 성냄, 얻음을 보는 것' 은 일상생활 가운데 타인과의 관계에서 발생하는 문제들입니다. 자기 행위 가운데서도 '보고 듣는 일' 은 먼저이고 '얼굴과 용모에 나타나는 것' 은 그 다음이지요. 또 말은 입에서 나오고 그 다음에 행동으로 나아갑니다. 의심스러울 때 물음을 생각하는 것은 지식의 영역에 속하고, 화날 때 어려움을 생각하고 얻을 때에 옳음을 생각하는 것은 도덕적 실천에 속하는 문제입니다.

이 모든 삶의 영역과 사고를 기반으로 성찰할 때, 건전한 인격의 성숙이 이루어지고 그 실천이 가능합니다. 삶의 교육 가운데, 자신과 타자의 관계 가운데, 자기 수양과 타인과의 배려 가운데, 성숙한 인격을 갖출 수 있는 교육 실천이지요. 태권도도 그러한 일상 교육에서 인격 함양에 기여할 수 있는 좋은 수련법입니다.

어떻든 우리가 세상 사물을 볼 때, 마음에 색안경을 끼지 않는다면 제대로 볼 수 있고, 편견으로 듣지 않는다면 정확히 들을 수 있을 것입니다. 또한 모르는 사실을 타인에게 묻는 것을 당연시한다면 의심이 쌓이지 않고, 나중에 닥쳐올 어려움을 생각한다면 마음에 함부로 성날 생각이 들지 않을 것입니다. 그리고 옳음을 생각하는 데 얻고 얻지 못함이 무슨 큰 의미가 있겠습니까?

구사는 상황에 따라 하나의 일에 전념하는 자기 교육의 방식입니다. 하나의 일에 전념하여 그 일을 마치고 또다시 다른

태권도에 몰두한 외국인들

상황에 대비하는 형식이지요. 사전에 염두에 두고 행위를 대비하는 양식으로 예방적 교육입니다. 일상에서 인간은 도에 맞지 않은 행위를 자신도 모르게 하게 됩니다. 그러므로 늘 스스로를 성찰하여야 합니다. 이렇게 했을 때, 수양과 교육의 지향인 본심本心이 보존될 가능성이 높은 것입니다.

의지와 행위

언어와 사고를 거친 후에, 인간은 행위의 문제를 고민해야 합니다. 특히 젊었을 때는 혈기가 안정되지 않았기 때문에 여색을 경계해야 하고, 장성해서는 혈기가

강하기 때문에 싸움을 경계해야 하며, 늙어서는 혈기가 쇠했기 때문에 재물에 대한 욕심을 경계해야 합니다.

인생의 시기는 크게 셋으로 구분할 수 있어요. 어리고 젊은 시기, 한창 일하고 어른다운 장년기, 황혼 무렵의 노년기가 그것입니다. 인격교육은 늘 인간의 심신 자체를 보존하는 것이 일차적인 임무입니다. 일상에서 인간의 생명은 물리적 한계를 안고 살아가게 마련이지요. 혈기는 생물학적 인간의 몸에 의지해 있는 것입니다. 젊었을 때는 불안한 상태를 보이고, 장년이 되면 어느 정도 안정됩니다. 그리고 인간은 나이가 듦에 따라 자연히 쇠약해지지요. 그러므로 청소년기에는 여색을, 장년기에는 싸움을, 노년기에는 재물에 대한 욕망을 조절해야 합니다. 이렇게 여색, 싸움, 재물에 대한 욕망은 인간의 의지와 수양에 따라 달라집니다. 중요한 것은 자기 의지입니다.

배우고 묻고 생각하고 분별하기, 그리고 최선의 노력

이처럼 인격교육에 힘썼던 선인들은 인간의 언어와 사유, 행위의 측면을 고민하면서 어느 한쪽으로 치우치는 것을 우려하였습니다. 배우기만 하고 생각하지 않으면 얻음이 없고, 생각하기만 하고 배우지 않으면 위태롭지요. 배움과 생각은 늘 서로를 추동시켜 상승 작용을 일으켜야 합니다. 그래야 자기 발전이 있어요.

배움學과 생각思은 상호 협조와 제약의 긴장 관계를 지닌 교육 실천의 방법입니다. 학은 학습이고, 사는 추리하고 사색함으로써 학습에 의하여 얻어진 것을 재구성하고 경험이나 서적, 스승에게서도 얻을 수 없는 것들을 주체적 입장에서 독창적으로 만들어내는 일입니다. 그러므로 학은 주로 외부로부터 획득된다면, 사는 내부로부터 얻어지는 것으로 이해할 수 있어요.

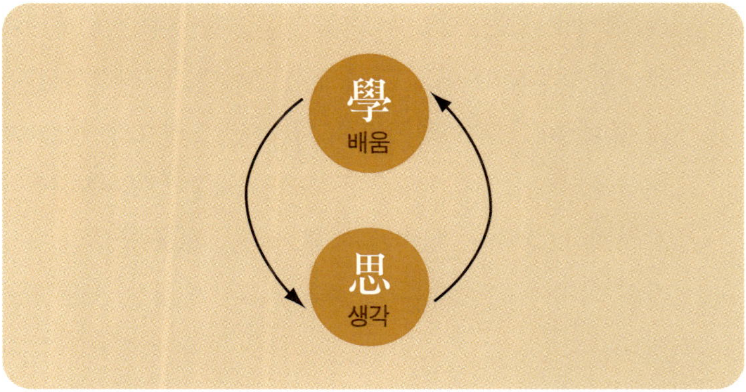

배움과 생각의 변증법

이러한 학과 사의 교육 방법은 인격의 완성이나 인간됨의 기초로 연결됩니다. 그것의 구체적 실천 방안이 유명한 박학博學, 심문審問, 신사愼思, 명변明辯, 독행篤行이라는 말입니다. 광범위하게 배우고, 자세하게 물으며, 깊이 생각하고, 분명하게 분별하며, 최선을 다해 실천하는 일이지요.

우리가 흔히 쓰는 학문學問이라는 말이 널리 배우고 자세하게 묻는 박학博學의 '학'과 심문審問의 '문'을 따서 만든 개념입니다. 공부에서는 실제로 배우고 묻는 것이 가장 중요합니다. 배우고 물을 줄 모르는 사람은 공부할 줄 모르는 사람입니다. 마치 모든 것을 알고 있는 것처럼 팔짱끼고 앉아 있는 사람들은 공부를 하는데 좋은 태도를 지니지 못한 존재들입니다. 그리고 사변이라는 말도 많이 쓰는데, 그것은 신사愼思의 '사'와 명변明辯의 '변'을 합친 용어입니다. 이 학문과 사변은 착한 것이 무엇인지 선택하는 지식의 문제와 연결됩니다. 그리고 마지막의 독행篤行은 그것을 굳게 잡아 실천하는 행위의 문제이지요. 요약하면 지식과 그것을 실천하는 문제입니다. 이것이 궁극적으로 인간의 격, 인격을 기르는 방법입니다.

이때 중요한 진실함誠을 추구하는 방법이 타인에 대한 배려와 때(상황)에 있다는 것입니다. 나의 인격이 이미 이루어졌다면 동시에 타인에게도 영향을 미쳐 타인의 인격도 완성할 수 있습니다. 그것이 지식을 발판으로 하는 지혜의 소산입니다. 나를 이루고 남을 이루었으니 안과 밖, 개인적 · 사회적 도의가 합쳐진 것이지요.

인간이 인격의 성숙이라는 길을 걸어가는 방법의 핵심은 자기 충실과 믿음에 있습니다. 성실하지 않다면 상대방이 믿어주지 않고, 스스로 어디로 가야 할지 알지 못하지요. 그리고 일상에서 지나친지, 미치지 못하는지, 스스로 잘못을 깨달아 고쳐나가는 데 인격교육의 길이 있습니다.

지 지 위 지 지
知之爲知之 아는 것을 안다고 하고

부 지 위 부 지
不知爲不知 모르는 것을 모른다고 하라!

시 지 야
是知也 이것이 바로 아는 것이다.

『논어論語』「위정爲政」

태권도지도자의 격파시범

『管子』.
『論語』.
『大學』.
『孟子』.
『說文解字』.
『荀子』.
『呂氏春秋』.
『禮記』.
『字典彙編』.
『周易』.
『中庸』.

강선보. 『마르틴 부버의 만남의 교육』. 서울: 원미사, 2003.
高柏園. 『中庸形上思想』. 臺北: 東大圖書公司, 1991.
高樹藩 編纂. 『正中形音義綜合大字典』. 臺北: 正中書局, 1990.
顧兆駿 編著. 『儒家倫理思想』. 臺北: 正中書店, 1981.
교육학사전편찬위원회. 『교육학 사전』. 서울: 대한교육연합회, 1967.
국기원. 『태권도 교본』. 서울: 삼훈출판사, 1987.
국어국문학회. 『국어대사전』. 서울: 민중서관, 1999.
김경탁. 「유교와 교육철학」. 한국교육학회 편. 『교육의 철학적 이해』. 서울: 교육과학사, 1981.
김광성 · 김경지. 『한국태권도사』. 서울: 경운출판사, 1988.
김길환. 『東洋倫理思想』. 서울: 일지사, 1994.
김성태. 『成熟人格論』. 서울: 고대출판부, 1994.
김승혜. 『原始儒敎』. 서울: 민음사, 1990.
김용옥. 『태권도 철학의 구성원리』. 서울: 통나무, 1990.
김운용. 『위대한 올림픽』. 서울: 동아출판사, 1990.
김정환. 『인간화교육 어떻게 할 것인가』. 서울: 내일을 여는 책, 1995.
김정환. 『전인교육론』. 서울: 세영사, 1982.

김정환 · 강선보. 『교육철학』. 서울: 박영사, 1998.
김정환 · 강선보. 『교육학개론』. 서울: 박영사, 1997.
김　철. 『태권도 교육론』. 서울: 원광대출판국, 1986.
김충렬. 『유가윤리강의』. 서울: 예문서원, 1994.
김충렬. 『中國哲學散稿』 II. 청주: 온누리. 1990.
김태길. 『존 듀이의 사회철학』. 서울: 명문당, 1990.
나현성. 『한국체육사연구』. 서울: 교학연구사, 1989.
大漢韓辭典編纂室. 『大漢韓辭典』. 서울: 교학사, 1998.
陶愚川. 『中國教育史比較研究』. 濟南: 山東教育出版社, 1985.
毛禮鋭 · 瞿菊農 · 邵鶴亭. 『中國古代教育史』. 北京: 人民教育出版社, 1995.
목영해. 『후 현대주의 교육학』. 서울: 교육과학사, 1994.
木村英一. 『中國哲學の探求』. 東京: 創文社, 1966.
몬로. 『교육학개설』. 서울: 교육과학사, 1994.
薛澤通. 『論語的領導智慧』. 貴州: 貴州出版社, 2005.
孫培青 主編. 『中國教育史』. 上海: 華東師範大學, 1992.
송영배. 『中國社會思想史』. 서울: 한길사, 1986.
송재국. 『주역풀이』. 서울: 예문서원, 2000.
쉬캉성. 『노자평전』. 신창호 · 유희재 옮김. 서울: 미다스북스, 2003.
신오현. 『자아의 철학』. 서울: 문학과 지성사, 1987.
신창호. 『공부, 그 삶의 여정』. 고양: 서현사, 2004.
신창호. 『교육학 개설』. 고양: 서현사, 2005.
신창호. 『수기, 유학교육철학의 핵심』. 서울: 원미사, 2004.
신창호. 『인간, 왜 가르치고 배우는가』. 고양: 서현사, 2003.
신창호. 『한국사상과 교육윤리』. 고양: 서현사, 2002.
신창호 · 유희재. 『현대인의 생활한문』. 고양: 서현사, 2005.
아산사회복지사업재단. 『정보사회와 사회윤리』(제7회 사회윤리 심포지엄), 1996.
안용규. 『태권도 역사 · 정신 · 철학』. 서울: 21세기교육사, 2000.
알렉스몰네르 편. 『아동인격교육론』. 박병기 · 심성보 · 이인재 · 조강모 옮김. 서울: 인간사랑, 1999.
楊文鶴. 『儒家仁本思想』. 台北: 黎明文化事業, 1976.
오인탁. 『파이데이아-고대 그리스의 교육사상』. 서울: 학지사, 2001.
王家通. 『教育導論』. 高雄: 麗文文化出版, 1999.

육태안. 『우리무예이야기』. 서울: 학민사, 1990.
이경명. 『태권도』. 서울: 대원사, 1997.
이계학. 『인격교육론』. 서울: 성원사, 1991.
이계학. 『품성을 기르는 교육』. 서울: 원미사, 2003.
이규호. 『말의 힘-言語哲學』. 성남: 제일출판사, 1991.
이규호. 『사람됨의 뜻』. 서울: 제일출판사, 1992.
李樂毅. 『漢子正解』. 朴琪鳳 譯. 서울: 비봉출판사, 1996.
이명현. 『理性과 言語』. 서울: 문학과 지성사, 1994.
이병관. 『常用 2000漢子 形音義 源流 字典』. 서울: 미술문화원, 1999.
이병진. 『교육리더쉽』. 서울: 학지사, 2003
이을상. 『가치와 인격-막스 셸러의 실질적 가치 윤리학』. 서울: 서광사, 1996.
이진수. 『신라 화랑의 체육사상 연구』. 서울: 보경문화사, 1987.
이충환. 『漢子部首 解說』. 서울 : 전통문화연구회, 1998.
임동규. 『한국의 전통무예』. 서울: 학민사, 1990.
전세영. 『공자의 정치사상』. 서울: 인간사랑, 1992.
정 종. 『孔子의 教育思想』. 서울: 집문당, 1980.
程梅花. 『內聖外王-儒家的社會哲學』. 濟南: 泰山出版社, 1998.
中文大辭典編纂委員會. 『中文大辭典』. 臺北: 中國文化大學出版部, 1973.
천 징. 『진시황평전』. 김대환 · 신창호 옮김. 서울: 미다스북스, 2001.
철학연구회 편. 『근대성과 한국문화의 정체성』. 서울: 철학과 현실사, 1998.
최홍희. 『태권도 교서』. 서울: 정연사, 1971.
크리스찬 아카데미 편. 『정보화시대 교육의 선택』. 서울: 대화출판사, 1997.
플라톤. 『국가 · 政體』. 박종현 역주. 서울: 서광사, 1997.
한기언. 『東洋思想과 教育』. 서울: 법문사, 1978.
胡美琦. 『中國教育史』. 臺北: 三民書局, 1986.

Comenius, John Amos. *The Great Didactis*(『대교수학』). 정확실 역. 서울: 교육과학사, 1995.
Dawson, R. *Confucius*(『공자』). 김용헌 옮김. 서울: 지성의 샘, 1993.
Dewey, J. *Democracy and Education*(『민주주의와 교육』). 이홍우 역. 서울: 교육과학사, 1987.
Good, Carter V. *Dictionary of Education*. N.Y.: McGraw-Hill Book Co., 1973.

Brubacher, J. S. *A History of the Problems of Education*. N.Y: McGraw-Hill Book Company, 1966.

Radhakrishnan. S & Raju. P.T. *The Concept of Man*(『인간이란 무엇인가』). 곽철 옮김. 서울: 동문출판사, 1979.

Shils, E. *Tradition*(『전통』). 김병서 · 신현순 옮김. 서울: 민음사, 1992.

Stogdill, R. M. "Personal Factors Associated with Leadership: A Survey of the Literature", *Journal of Psychology* 25, 35-71

Thomas Lickona. *Educating for Character*(『인격교육론』). 박장호 · 추병완 옮김. 서울: 백의, 1998.

저자 약력

이재수

고려대학교 교육학석사(스포츠 심리학)
고려대학교 이학박사(운동역학)
태권도 공인 7단
국내 심판 및 국제 심판
경기 2급 지도자
現) 대한태권도협회 품새경기위원장
現) 고려대 연구교수
現) 고려대 태권도 최고위 과정 지도교수

주요저서

박사논문: 유소년 태권도 수련 정도에 따른 각속도별 근기능과 신체구성 및 골밀도 수준에 관한 비교연구
태권도 기초 해부학(공저) (금광, 2004)
태권도의 과학적 지도론(공저) (21세기 교육사, 2005) 외 다수

신창호

한국학중앙연구원 문학석사(철학)
고려대학교 교육학박사(교육철학 및 교육사학)
儒道會 漢文練修院 3년 수료
강릉대, 고려대, 서울여대, 성신여대, 한양대 강사
現) 경희대 교수

주요저서

진시황 평전(공역) (미다스북스, 2001)
동양사상의 이해(공저) (경인문화사, 2002)
한국사상과 교육윤리(공저) (서현사, 2002)
공부, 그 삶의 여정(서현사, 2004)
수기, 유학교육철학의 핵심(원미사, 2004)
교육학개설(서현사, 2005)
존재와 가치에 관한 사색(경희대출판국, 2005) 외 다수

태권도 CEO와 인격교육

- 전통교육과 태권도, 그리고 인격 함양의 원리에 관한 성찰 -

2006년 11월 1일 1판 1쇄 인쇄
2006년 11월 4일 1판 1쇄 발행
2006년 11월 10일 1판 2쇄 발행
2006년 11월 20일 1판 3쇄 발행
2007년 10월 30일 1판 4쇄 발행
2008년 3월 3일 1판 5쇄 발행

지은이 이재수 · 신창호
펴낸이 조재성

그 림 이미숙

펴낸곳 서현사
(410-828) 경기도 고양시 일산동구 정발산동 1238-9 103호
전화 031-919-6643 팩스 031-912-6643
등 록 2002년 8월 14일 제03-01392호

ISBN 978-89-90357-63-2 03690
정 가 10,000원

공부, 그 삶의 여정

저　자 : 신창호(경희대 교수)

판형/쪽 : 국판/328(2도)　　정　가 : 14000원
발행일 : 2006. 9. 10.(2판)　ISBN　: 89-90357-33-0 93370

본 서는 유학(儒學)의 공부론을 평생교육의 차원에서 체계적으로 논의한 교육철학서이다. 태교(胎敎)에서 아동 교육을 상징하는 소학(小學), 성인 교육을 대표하는 대학(大學)의 교육을 공부의 차원에서 구체적으로 풀이하고 유기적으로 논의하였다.

특히 공부를 삶의 예술 과정으로 인식하고, 매 단계마다 공부의 원칙이 무엇인지 밝혔으며, 공부의 실천 과정을 탐구에서 타자를 다스리는 경지로 해석하였다.

궁극적으로 유학의 학문(學問) - 넓은 의미에서 볼 때 교육 - 은 삶의 기본 바탕으로서 자기만족과 즐거움을 통하여 일상성의 세계를 합리적으로 운용하는 문화적 양식임을 일러준다.

차례

교육학개설-우리 교육의 본질과 흐름에 관한 탐구

저　자 : 신창호(경희대 교수)

판형/쪽 : 신국판/288(2도)　　정　가 : 12000원
발행일 : 2005. 8. 27.　　ISBN　: 89-90357-48-9 93370

본 서의 문제의식은 교육학의 기본적인 바탕을 한국 전통교육의 사상과 제도, 본질과 흐름에서 찾으려는 데 있다. 전체 구조는 3부로 이루어져 있다. 제1부에서는 교육과 교육학에 대해 논의했는데, '교육(敎育)' 의 본질적 맥락을 탐구하면서 교육학의 가능성과 성립을 개괄적으로 소개하였다. 2부에서는 교육의 역사에 대한 이해, 3부에서는 교육철학과 교육사조의 양상을 소개하였다.

본 서가 지닌 특징은 '교육 원전 자료' 를 제시하여 독자들이 나름대로 해석할 수 있도록 편의를 제공하였다는 점이다. 아울러 교육의 근본과 역사적 · 사상적 개괄을 통해 우리 교육의 본질과 흐름에 관해 탐구하였다.

차례